我的長線投資獲利秘訣：
下好離手，不要動作。

用心於不交易

《我的職業是股東》作者
林茂昌 著

有點閒工夫，

懂得一點閒趣味，

才能體會用錢賺錢的真義……。

如果你問我，

股票獲利的祕訣在哪裡？

老實說，

祕訣就在「不交易」這三個字。

目錄

作者序 草深無處不鳴蛙，投資也是如此 011

前言 歡迎進入不交易世界 021

第1章 選擇正和遊戲 029

每一筆交易，都是買賣雙方的判斷 030

如果這麼好，你為什麼要賣給我？ 033

股市的漲跌遊戲就像猜銅板 036

零和遊戲：贏家拿光輸家口袋 038

你會將贏錢方法告訴對家？ 041

大富翁遊戲的贏家從來只有一個 043

馬太效應：勝利不是平均分配，而是贏家全拿 045
正和遊戲：交易雙方互蒙其利 048
你的投資可以像參與一個正和遊戲 054
投入的遊戲不同，思考重點也不同 055

第2章 競爭優勢——獲利保證

競爭優勢——獲利保證 059
競爭優勢的概念 060
個體經濟的世界，就是競爭與壟斷 065
投資人應該避開完全競爭市場 066
判別企業的壟斷力 067
看公司的護城河有多深、多寬 069
看數字，用剔除法和看不景氣時 071
巴菲特愛用的淨值報酬率，有玄機 074

負債過高，ROE再高，都不能買 076
代工代到無可取代，就是臺灣優勢 077
競爭優勢的背後往往是穩固的人脈網絡 081
如果公司不錯，大股東為何要拋股至最低水位？ 083
股東和員工的持股狀況，更是觀察指標 085
華爾街券商的用人之道：人脈就是資訊、資源 086
如果你的資金只能放幾個月，是很難有效果的 088

第3章 你複利了嗎？

第3章 你複利了嗎？ 091
複利很簡單，卻難於上青天 092
基本原理就是「錢滾錢」 094
不要借錢操作，否則容易瞎忙一場 096
要賺來自企業成長的複利 098

拿到現金股利後，要再買公司股票 102
就像鑿隧道，熬過黑暗，才見光明 106
碰到泡沫與崩盤時，如何應變？ 109
短期漲幅超過五年的EPS，就獲利了結 114
獲利率最高的是被我忘掉的那一檔 119

第4章 不賠錢的投資

第4章 不賠錢的投資 123
陰性建議不中聽，就像良藥苦口 124
最簡單的不賠錢投資：公債 126
賣不賣都不賠錢，決策是快樂的 129
進可攻退可守，再安全不過的投資 130
債券型股票重在何時回本 132
巴菲特：跨越高難度障礙並不會為投資加分 134

股市泡沫破滅時，放膽接 136
不用逼自己一定要賣在最高點，享受將軍抽車的樂趣 138
對抗通膨靠淨值報酬率，但需耐心等買價 139
企業對物價上漲的反應，展現壟斷力 143
耐心等待低價出手，才有肉吃 145
從此，你會愛上股市下跌 148
複利再加上「瘋狗浪」，神乎其技 154
該跑來跑去的是經理人，怎會是你長期投資人 156
對虧損保持警覺，寧願沒賺到，也不要損失慘重 159
要做投資組合，五到十檔夠了 162

第5章 我實際執行「不交易」的體驗

第5章 我實際執行「不交易」的體驗 165
買時若沒被笑，小心買錯或買貴了 166

股市第一關：迫不及待與不敢出手 168
耐心加苦悶，沒有更聰明的辦法了 169
風險是破壞複利的最惡殺手 174
實例說明不賠錢投資三部曲 178
美國老太太的投資啟示 185
股災就是叫你戴鋼盔往前衝的號角 190

結語

有閒工夫，才懂用錢賺錢 195
工作急驚風遇到投資慢郎中，有志難伸 196
複利投資就是比誰能忍？ 199
長期投資就是什麼都不要動？ 201
若吃煙，若不吃煙 202
複利不是忍耐，而是一種趣味 205

作者序

草深無處不鳴蛙，投資也是如此

在一次生態之旅中，導覽志工問在場的小朋友和家長們：「這裡有這麼多的青蛙，是我們到處去抓來的，還是牠們自己跑來的？」答案當然是後者。這位熱情的志工長者還用稍微誇張的語調，引南宋詩人陸放翁的名句「草深無處不鳴蛙」做說明，令我印象極深。原來，我們不用刻意去抓青蛙，只要把池塘照顧好了，草木就會長得茂盛，然後，青蛙自然會出現。在此，容我學那位志工長者，請大家再唸一次：「草深無處不鳴蛙」。因為太重要了。

七、八年前，我野人獻曝，先後出了兩本股票投資的書，《我的職業是股東》和《用心於不交易》。就內容來看，兩本書大異其趣，前者是練功的書，探討幾個重要的投資理論並分享個人的試驗心得；後者則是在研究了各門各派功法之後，依據個人喜好所採用的投資方式。用畫畫或是書法來比擬，前者是臨摹，後者是創作或所謂的「自運」。自運，當然沒有臨摹大師作品來得精彩豐富，卻是個人最真誠的東西，更是**我身體力行的投資方式**。

照顧好池塘，青蛙自會來

如果從青蛙志工的觀念看，這兩者的差別，恰好一本是「努力抓青蛙」，另一本是「把土地和草木照顧好，青蛙自己會來」。

小時候我的確抓過青蛙，老實說，抓青蛙並不容易，除了需要手腳敏捷和一定的技巧外，我們越是努力去抓，野外的青蛙便越少，也就越難抓。同樣的，想要靠做股票賺錢，真是談何容易。股市裡高手如雲，個個身經百戰，擁有獨門絕活。初學者除了努力學習外，還得有無比的信心和紀律，才能在不斷虧損的磨練下，咬牙闖過「股市天堂路」。說到這點，最近和同年紀的朋友聊起，不少人反對孩子涉足股市，實在是捨不得啊！

每筆交易都是為讓別人賠錢，而「別人」就是「我們」

初入股市時，我們很容易看著股價圖或分析報告，以為要打敗市場發點橫財應該不難，只要按某種交易法則或是參考分析報告進出就好了。殊不知，幾乎每個進出股市的人都這麼想，也都打算靠這些資訊賺錢。在零和遊戲的原理之下，即使大家用同樣的資訊和同樣的交易法則，最後還是有人賺錢、有人賠錢。換句話說，這些資訊和交易法則對賠錢的人來說是失靈了。所以說，在零和遊戲之下，沒有人人可用、放諸四海皆準的操作法則。

由於每個人的進出操作，都是為了讓自己贏錢，等於就是為了要讓別人輸錢，那麼，我們可以誇張一些的說，股市裡幾乎每一筆交易、每一個波動，都是為了讓別人賠錢，而這裡的「別人」就是「我們」！此外，每一則訊息，尤其是那些不是主管機關規定必須按時發布的訊息，如突然接獲大訂單、預估今年業績可望回升、下半年準備進軍歐洲市場、法人預估公司產品的市占率將提高若干百分點等，都不是為了要我們賺錢的，而是企圖說服我們，使我們相信一些事情，好讓資訊發布者的股市操作更有勝算。

冷凍股竟然比亂操作強十倍

話說回來，其實股票投資不一定要如此血腥。我在偶然的機會，從不同的地方，聽到有幾位老人家省吃儉用長期買進台塑已故創辦人王永慶先生的股票，除了重要用途（如孩子出國讀書）之外，幾乎不賣。結果就是老人家後來每年領的股息，比孩子的薪水還多很多。另外是我自己的經驗，早年有機會拜訪上市公司，偶爾遇到覺得不錯的，就會好奇買個幾張放著。但有些放著放著也就忘了，一擺竟然就是十幾年。有的則是賣剩的零股，因為當年零股交易不方便，工作一忙也就忘了，同樣也是擺了十幾年沒去管它。然後這些沒去管它的冷凍股票，有一年心血來潮拿出來檢視，這才發現，不理它的結果竟然表現不俗，比我自以為是的胡亂操作好太多了。

當下有如被雷打到，原來，股票獲利之道也和青蛙一樣，只要把草木養好，提供好的環境，它自己會來，不用我們費心去抓。

這樣做有比較輕鬆嗎？也許有，也許沒有，但重要的是，這樣做就會進入一個彼此互蒙其利的良性循環，也就是本書所說的正和遊戲。就像照顧土地和草木未必比抓青蛙容易，**當你決定用心於不交易，重點必然放在企業營運的評估上**，再來就是耐心的長期持有股票。研究上市公司要花很多心思，常常令人廢寢忘食，而長期持有更需要耐心。如果說有比較輕鬆，那是在打好基礎之後，草木長到一定規模，這時，生態系統進入良性循環，青蛙不用你管，自己會繁殖後代。此時反而不需要太多的人為干預，而且青蛙和你雙方都受益匪淺。投資也一樣，買到好公司的股票，長期持有，投資人和上市櫃公司共創雙贏。

「水至清則無魚，人至察則無徒」，投資人要像漢武帝

也許你心中還是有許多的狐疑，例如，臺灣的上市公司，可以長抱十年以上嗎？這個問題要分消極面和積極面兩個方向來討論。消極面是如何在十多年的投資當中，沒有踩到地雷；積極面是，臺灣經濟好像不是很好，有沒有值得長抱十年以上的好公司？

先討論消極面。不可否認，台股的變動很大，許多企業經不起產業趨勢的變動，一不小心就淪為雞蛋水餃股。有的則是經營不善甚至惡意掏空，最後狼狽下市。當然還有更精采的，從模範公司到發生員工盜賣財產外加老闆做假帳，而在被迫暫停交易之後，銀行團不堪損失找專家來經

營，終於起死回生。遇到這種公司，投資人很容易看報紙交易，買在最高點，賣到最低點。人家說股市險惡，不是沒有道理。

這麼說好了，股市難免有一些不安好心或是經營不善的公司，但更多是認真於本業的好公司，連續十年以上每年都不虧損的企業也不少，這當然是許多人努力的結果。找出好公司固然是我們投資人的天生任務，但沒人敢說自己所投資的公司完全沒有瑕疵，甚至也很少人敢說自己從沒踩過地雷。而如果你因為害怕地雷，或是因為不能容忍公司有任何的過失，而對於投資裹足不前，那就可惜了。

「水至清則無魚，人至察則無徒」，意思是說如果你過分在意別人的缺失，容不下一點兒的小瑕疵，那你就不會有朋友，更不會有人為你效命。這句話出自兩千多年前的東方朔，他用此來勸漢武帝的。不計較他人的小過失，是居上位者的必要修煉，我認為也是投資人的必要修煉。

至於地雷或看不見的重大瑕疵，我們除了多蒐集資料、多研究打聽之外，就是靠適當的分散投資來處理。以我的個人經驗，買到好公司加上長期投資的複利，就足以抵銷地雷損失，還綽綽有餘。總之，就是謹慎小心和分散投資，但不必因噎廢食。

臺灣上市櫃公司絕不是老弱殘兵或酒囊飯袋

而談到積極面，台股值不值得長期投資的問題，有時候，是投資人混淆了整體景氣和上市櫃企業榮枯這兩者，以為總體經濟數字不好，企業必然也受拖累。其實，兩者經常有很大的差距，而且似乎越來越明顯。根據統計，臺灣上市櫃公司全體稅後盈餘，從二〇一三到二〇一七年分別為一・五七兆元、一・八四兆元、一・八五兆元、一・八九兆元、二・二兆元，次年（二〇一四到二〇一八年）發放的股利總額則分別為〇・八七兆元、一・〇七兆元、一・一四兆元、一・二七兆元、一・四五兆元（估）。照這個數字看，上市櫃公司二〇一七年的獲利比二〇一六年成長了一六％，隔年所發放的股息也成長了一四％。相較之下，二〇一七年**臺灣GDP成長率**為二．八四％，雖說也是近年來的高點，水準**卻遠不如上市櫃公司**。

總之，臺灣的上市櫃公司絕不是一群老弱殘兵或酒囊飯袋，只要用心研究，必然可以挖出不少寶物。

現在的國際投資，體驗不輸海外旅遊

另一方面，我一向鼓勵投資海外股市，特別是美國。現在國際性的網路券商非常發達，開戶交易也很方便，加上交易成本低廉，投資人真的可以把眼光放大放遠。美股除了Google、Apple、Costco、Amazon之外，透過美國存託憑證，還可以買到法國的LV-MH（軒尼詩-路易威登）股票，想像空間無限。當然，開戶之前，投資人還是得自己審慎研究，包括各種可能成本和稅制差異。

順道一提，有些美國券商還提供免費的股息再投資計畫（DRIP），每季到了配息日就自動幫投資人買進，免手續費，非常方便。相較之下，臺灣就沒這麼方便，據我向券商朋友探詢，問題主要出在零股交易上，除非是大戶，否則有其難度。但我相信事在人為，只要有心為年輕散戶服務，辦法終究是人想出來的，例如**元富證券推出小資族定期定額的零股服務就普獲好評，每月最低只要一千元**就可以加入，手續費最低只收一元，真是業界的創舉也是年輕投資人的福音。

寫到這裡，也該進入本書正文了，在此我要特別感謝當年財信出版社的楊森總編輯、許秀惠副總編輯、和主編顏惠君不畏艱難為我出這本書，還容忍我不上節目打書的怪癖。接下來，還是要感謝顏惠君小姐，她現在擔任大是文化副總編輯，再度熱心出版本書，也要謝謝大是文化團隊、吳依瑋總編輯，以及責編羅惠馨專業的編輯和認真的催稿。時序正值盛夏，晚間散步到附近的小公園，蛙鳴聲不絕於耳，因記之。

前言

歡迎進入不交易世界

◆

我們從概念上真正理解，懂得如何以具有長期競爭優勢的企業，建立一個「不賠錢」的投資部位，懂得如何用不賠錢的投資建立複利機制，便會明白為什麼巴菲特說，「投資最重要的事就是不要賠錢」了。

◆

如果你問我，股票投資的祕訣在哪裡？老實說，祕訣就在「不交易」這三個字。這三個字，當然和我們平常所看到的「股市投資人」完全相反。每次電視新聞需要投資人的畫面時，就會到證券商的電視牆前面拍攝。電影、電視劇，和小說裡的投資人，不是整天買進賣出不離口，就是猛盯著行情打手機。最後，股市裡最重要的兩個機構，是證券「交易所」和櫃檯「買賣中心」。

的確，在股市裡，我們所重視的，一向是「交易」。有學者甚至認為，市場的一切資訊，都已經反映在交易的價量上。只要掌握住交易，似乎就掌握了一切。坦白說，我初入股市，也是從研究交易行為和交易資訊開始。對我來說，交易幾乎就等於股票投資的代名詞了。我相信許多人和我一樣。

於是，每天勤於研究股票K線、技術指標、主力進出、外資買賣超，以及更高深的股價波動性和Beta值等。另外，還把股市的交易資訊，拿來和財務數字、指標做對比分析，看能不能發現蛛絲馬跡，從中獲利。但多年奮戰下來，總是解不開交易資訊裡的祕密，徒然被一大堆數字和圖表給淹沒。

直到在一次偶然的機會裡，看到**華倫・巴菲特**（Warren Buffett）的話：「買股票時，應該假設明天開始股市要休市三至五年」，以及「若你不打算持有一支股票達十年以上，那麼你當初根本就不應該買進」。我開始好奇，也許祕訣就在「不交易」的世界裡。

忙進忙出，你賺了嗎？

當你打算投資一家公司十年以上時，你看的不再是頭肩頂、黃金交叉，或是RSI這類的東西，而是這家公司是做什麼的、前景如何、獲利如何等等。然後，你會把焦點放在一些更重要的概念上，例如價值、長期競爭優勢，和複利等。

價值與價格，是交易世界與不交易世界相交會之處。我就是經由對價值和價格的探究，從交易世界轉進到不交易世界，感覺上好像進入另一個空間似的。從此之後，不看盤、不沒事就看股價線形圖、不成天緊張兮兮、不一有風吹草動就忙著下單。最重要的是，操作績效有明顯的起色。

壟斷與競爭，這個概念是個體經濟學的核心；複利，則是投資最關鍵的因素。如何把這些概念運用到實際的投資上，本書將有詳細的說明。事實上，我是一再重複、用不同的方法說明這兩個概念。

但我要說的是，從交易哲學進入不交易哲學，這是思維上很大的變化，也是很有趣的事。我們從「陽性行為」的探討，進入「陰性行為」的研究；從複雜繁瑣的量化計算，進入簡單易懂的概念掌握。

而當我們開始從概念上真正理解，懂得如何以具有長期競爭優勢的企業，建立一個「不賠錢」的投資部位；懂得如何用不賠錢的投資，建立複利機制，便會了解到，為什麼巴菲特說，「投資最重要的事就是不要賠錢」了。老實說，在我還沒進入不交易世界之時，完全不懂這句話的真正意義，還以為巴菲特在故弄玄虛呢！

小辭典

華倫・巴菲特（Warren Buffett）

一九三〇年八月三十日，華倫・巴菲特生於美國內布拉斯加州的奧馬哈市，為當今世上最具影響力的投資家。早年讀了價值投資大師班傑明・葛拉漢（Benjamin Graham）的《智慧型股票投資人》（*The Intelligent Investor*）之後，深受啟發，最後進入哥倫比亞大學商學院，向葛拉漢學習證券分析，拿到了經濟學碩士學位。畢業後雖屢被婉拒，仍堅持到葛拉漢的投資公司葛拉漢-紐曼（Graham-Newman）工作了兩年，直到葛拉漢退休時，巴菲特才回家鄉奧馬哈開始自己的投資事業。

巴菲特後來受到好友兼長期投資夥伴查理・蒙格（Charles Munger）的影響，逐漸跳脫堅持低價的原則，開始專注在一些具有持久性競爭優勢的優質企業上。

波克夏・哈薩威（Berkshire Hathaway）原是一家日落西山的紡織公司，在巴菲特入主後，逐漸轉型為多元化控股公司，尤其是投資於保險業，利用其龐大的浮動現金部位，獲取投資效益。以截至二〇〇九年底的數字計算，該公司在過去四十五年的年化投資報酬率達二〇・三%，遠超過標準普爾五〇〇指數的九・三%。

改變思維，才能不賠錢

不過，要把各位從交易世界引導到不交易世界，實在是很困難的事。

這可不是變法術、唸幾句咒語就能畢其功的。因此，我試著用零和遊戲、正和遊戲這兩個簡單的概念，來區分／連貫這兩個世界。

交易的世界屬零和遊戲，而不交易（指股市交易）的世界則可能具有正和遊戲的特色。希望零和遊戲的探討，能夠吸引讀者去思考正和遊戲，從而在不知不覺當中，進入不交易世界。

也許，讀者不讀還好，讀了這段前言之後，卻發現完全不知所云，於是放棄不讀，那就不是我的原意了。我承認這段前言有點過於抽象，但請別擔心，因為後面正文都是簡單易懂的內容。

現在，歡迎進入不交易世界。

第1章

選擇正和遊戲

◆

當你買進股票，就是把你的資本投資在某家上市公司，從事生產或提供服務。在這種情況下，你的投資，其實就是參與一個正和遊戲。我們可以在這個遊戲裡累積財富，得到理想報酬。

◆

也許你已經有過從市場買進股票的經驗。一般的狀況是這樣：我們有一小筆資金想要投資獲利，於是詳閱報章雜誌和各種研究報告，並四處打探消息，在深思熟慮後，終於買進了自己心儀的股票。

如果買股票就像讀書一樣，只要用功做好功課，就可以得到好成績，那實在太好了。但你我都很清楚，股市很奇怪，並不是這樣。常常研究又研究，花了無數的時間和精神，卻得不到應有的報酬，甚至還可能虧損累累……怎麼會這樣呢？

每一筆交易，都是買賣雙方的判斷

初入股市的人，包括我自己，在投資了一段期間之後，常常會有這樣的疑惑。我們所相信的勤奮哲學「要怎麼收穫，就怎麼栽」，卻「栽」在股市裡，難道是努力不夠？還是另有蹊蹺？

這個疑惑，我們不妨從兩個方向去思考和驗證。

首先，如果做研究就可以在股市無往不利，那麼，股市研究員應該是一個崇高而且多金的工作，因為他們就是在第一線做研究。但實際上，除了少數的金牌研究員之外，在投資相關產業裡，研究員是一個很基礎的入門工作。我個人進入券商服務時，就是從研究員開始做起的。似乎，研究工作只是一個開始，你還必須經過相當的歷練。

至於這個歷練，具體上是什麼東西，很難說清楚，但有一點是肯定的：投資不只是做研究就行了，還有其他重要的元素。

其次，當我們經過審慎研究，從股市買進一張股票時，請想想，一定是某個人把這張股票賣給我們。這個人是誰？我們不得而知。他為什麼要賣？我們也不知道。但有一點可以肯定的是，他賣這張股票一定有他的道理和根據。很可能，他也做了相當的研究，甚至比我們更了解這檔股票。

不過大多數的情形是，他所研究的資料內容，其實和我們大同小異，甚至於完全相同，只是他的結論是「賣出」，而我們是「買進」。至於誰對誰錯，或是誰輸誰贏，恐怕只有日後才能見真章，事前誰也說不準。

當然，有時候會有少數人先行掌握到別人所不知道的重大訊息而獲取先機，但我們不打算在這方面多所著墨，因為真正的內線消息，一般人是無緣取得的。另一方面，資訊的傳遞非常迅速，「內線消息」很快就會傳開，並反映在股價上，等我們得到「內線」時，可能早已不是內線了。

大致上，我們可以這樣說，每一筆交易，都是市場的買方和賣方根據市場既有的資訊，做出完全相反的判斷，從而成交。而且，誰輸誰贏，只有事後才能論定。

有了這個基本觀念，才算入門，才有可能脫胎換骨。至少，我們會在努力研究一檔股票、熱血沸騰想要買進之前，問自己一個問題：如果這檔股票這麼好，為什麼有人要賣？

如果這麼好，你為什麼要賣給我？

我有一個上班族朋友，姑且叫他「阿明」好了，做事勤奮而且認真，並小有積蓄。二〇一一年初，在一次餐敘時，阿明興奮的告訴我，綠能產業很有前景，再加上油價居高不下，投資綠能產業的股票獲利可期，而且他已經買了不少。

最近一次的聚會已是在二〇一一年底，話匣子一打開，沒多久就談到他年初的投資。阿明坦然告訴我，他賠了不少錢。他說，問題出在沒有停損，如果做好停損點，就不會這麼慘了。不過，阿明覺得有一點很奇怪，為什麼年初被大家還一片看好的股票，事後可以跌得這麼凶。似乎，他對自己的研究還是很關心，想知道到底是哪個環節出問題了。

我告訴阿明，我對綠能產業不熟悉，無法提供更高明的見解，更何況未來的事沒有人會知道，有誰能買股票之後只漲不跌的。只不過，看到一檔極為誘人的投資標的時，我通常會提醒自己一個古老的蘭花炒作故事。

臺灣在民國六十、七十年代，曾經多次把蘭花炒到天價，一盆蘭花只不過幾片葉子，居然可以叫價百萬甚至千萬元。這股蘭花熱和幾百年前荷蘭的鬱金香熱相比，毫不遜色。蘭市裡當然也流傳著許多故事，其中不乏充滿智慧的實戰經驗，非常寶貴，也非常精彩。這個蘭花故事算是其中最普通的一個。

有個蘭商帶著一盆「銘蘭」，向一位老蘭家兜售，還口若懸河的講得頭頭是道。總之，這盆蘭花是稀世珍寶。「買到賺到！」蘭商說。

老蘭家似乎也怦然心動，眼看就要成交了。不料，他緩緩的喝了一口茶，停了一下，問道：「如果這麼好，你為什麼要賣給我？」

是的，股票也一樣，如果那麼好的話，為什麼有人要賣？我無意拿朋友的賠錢經驗來說嘴，也不是要事後諸葛，說一些早知道的話。我想說的重點也不在於真正找出對方賣股的理由，而是提醒自己：不論是多麼好的股票，賣方一定有賣方的道理。千萬別對自己的研究結論過度肯定，我們一定要有適度的保留和謙虛，至少不要過度熱血。同理，當我們站在賣方時，也要提醒自己，買方可不是傻瓜，他買股票也是為了賺錢。

既然買賣雙方都擁有充分的市場資訊，也做了精實的研究，就不難知道，要靠買進又賣出來獲利，是多麼不容易的事啊！

小辭典

蘭花泡沫

國蘭的外觀並不豔麗，卻和東方文化有著深厚的淵源，自古以來即為騷人墨客吟詠的對象。也許是這個因素，臺灣在三、四十年前，曾經有過一場驚人的蘭花熱潮，幾片葉子就要價數百萬元，甚至於上千萬元。

良田百畝，價格竟然抵不過一株草！將其稱之為蘭花泡沫，實不為過。

股市的漲跌遊戲就像猜銅板

把股市當成漲跌的遊戲，買賣雙方在任何一個時點都旗鼓相當，而且擁有相同的資訊，這是很早就有的概念，而且是一個很重要的概念，影響深遠。

一九〇〇年，法國巴黎大學的巴舍利耶（Louis Bachelier）寫了一篇關於股市投機理論的重要論文，就是用這個概念，發展出隨機漫步理論。這個理論後來成為現代投資學以及選擇權評價模式的基礎。他認為在任何一個時點，投機者的期望值是零。也就是說，不論做多或做空，你沒辦法有絕對的勝算把握。

在此，我們只要知道，根據這個理論，股市的漲跌遊戲，就好像在猜銅板的正反面一樣就行了。猜對了，你得到一塊錢；猜錯了，就要賠一塊錢。而銅板是公平的，所以猜對和猜錯的機率相同，都是一半的機會。

也許你會在過年期間和親朋好友小賭一番，當作調劑或娛樂，但你不會把全家的家當拿來賭大小，更不會花錢請別人幫你賭大小。但是，很多人卻在股市裡大玩賭漲跌的遊戲，以為自己有高於平均的獲勝機會。如果你去問那些短線進出的朋友，我想，九成以上的人會認為自己對行情或股票的漲跌很有把握。

我在期貨界服務期間，就看到了這個現象。除了極少數之外，大多數的客戶都認為自己對行情的研判有一套，可以勝過一般人。當然，如果不是這樣，他們就不會來從事期貨交易了。但我們知道，市場上不可能每個人的操作都優於平均。

這讓我想到一個老故事：有人在一九八一年對瑞典的駕駛人做了一份調查，結果發現，九〇%的人認為自己的駕駛技術優於平均。巴菲特的老戰友**查理．蒙格**（Charles Munger），就是用這個故事來告誡投資人，不要沉迷於短線進出的漲跌遊戲。

很多人讀到這裡，可能會有疑問：如果買股票不靠正確研判行情，低買高賣，那麼到底要怎麼做？這實在不是三言兩語說得清楚的問題，但這個概念太重要了，值得進一步探討。

零和遊戲：贏家拿光輸家口袋

許多讀者可能已經知道什麼是零和遊戲，其特色就是贏家拿走的報酬，正好是輸家所賠的錢，例如賭博就是這樣。在這種遊戲裡，全部參賽者所擁有的全部資金，從頭到尾都不會改變。換句話說，有人贏錢，就一定有人輸錢；而有人輸錢，就一定有人贏錢。玩家和玩家之間，處於對立的狀況。

用日常用語來表示，就是「自己的快樂建築在別人的痛苦之上」，以及「我的快樂，就是別人的痛苦；我的痛苦，就是別人的快樂」。參與者之間，總是爾虞我詐、互相陷害，至少，不會有人好心幫你賺錢。

期貨與選擇權交易，如果不考慮手續費和交易稅，其實就是個典型的零和遊戲。以期貨交易來說，買賣的標的是一口口的合約，合約上有明確的到期日，買賣雙方在到期日當天，以現貨的市價來結算。譬如，你用每桶一百美元的價格買進這個月月底結算的原油期貨，到了月底，原油現貨的市場價格是每桶一百一十美元，那麼你一桶會獲利十美元，而和你交易的對手則是一桶損失十美元。顯然的，這是個零和遊戲。

如果你在期貨交易上賺錢了，表示有人賠錢。由於期貨交易頻繁複雜，你的對手可能買了又賣，賣了又買，所以我們無法精確找出是哪個人或哪些人賠掉這筆錢，但很肯定的，這筆錢是別人賠給你的。你的快樂，建築在別人的痛苦上。在這樣的市場裡，背叛和坑殺才是最佳策略。道理很簡單，如果你幫助別人獲利，就等於害自己增加賠錢的機會。你要做的，就是盡量讓別人賠錢，至少不讓別人賺到錢。

小辭典

查理・蒙格（Charles Munger）

一九二四年一月一日，查理・蒙格生於美國內布拉斯加州的奧馬哈市，一九四八年取得哈佛大學法學博士，為律師、投資人、大企業家，也是巴菲特的好友，現為波克夏・哈薩威公司副董事長。

蒙格在與巴菲特合作之前，曾經營自己的投資事業。根據巴菲特的演說〈追隨葛拉漢及陶德的超級投資家〉（*The Superinvestors of Graham-and-Doddsville*）指出，蒙格的投資在一九六二至一九七五年間的年化投資報酬率為一九・八％，同期間的道瓊指數年增長率僅為五％。

你會將贏錢方法告訴對家？

現在，讓我們假設你突然得到靈感，找到了某一個在期貨操作上穩賺不賠的方法或資訊來源，你會拿出來和別人分享嗎？絕對不會。因為如果你把這個祕密告訴別人，就會有人跟著用這個方法或資訊去「賺錢」。

假設這個方法和資訊真的有效，用過的人都賺錢，於是一傳十、十傳百，大家都用這個方法和資訊，真的有效，於是大家都「賺錢」。可能嗎？當然不可能，一定有人要賠錢，因為這是零和遊戲。因此，雖然大家都用同一套技術和資訊去操作，但最後有人賺錢、有人賠錢，也就是說，這套方法和資訊最後就無效了。總之，你絕對不會把賺錢的方法或資訊告訴別人。現在，如果有一個期貨老手告訴你一個「賺錢」的方法或資訊，你還會相信他嗎？

談到這裡，你也許會認為零和遊戲雖然充滿鬥爭和血腥，但還不至於太恐怖。因為如果以猜大小來看，你賺錢和賠錢的機率是五五波，好像也沒有那麼可怕。只要控制好自己的停損操作，應該不會太難才對。

但實際的情形並不是那麼簡單，因為市場不是賭一盤就結束。如果只賭一盤，我們可以說，輸贏是五五波。但如果一盤接一盤的賭下去，會產生什麼變化呢？首先，每一盤都是零和遊戲，所以不論賭多少盤，參賽者的所有總金額不會有任何改變。但問題是，賭到最後，是趨近於每個人都不賺不賠，還是贏家通吃，其他人慘遭敗北呢？

接下來，我們試著用大富翁遊戲來看看連續賭局的情形。

大富翁遊戲的贏家從來只有一個

我相信許多人小時候都玩過大富翁遊戲，這個遊戲有很多版本，變化多端，但基本規則大同小異。臺灣以前最早流行的版本是幾個玩家一起玩，開始時每個人分到若干的資金，其餘的錢都放在「銀行」。也就是說，連銀行算在內，錢的總數是固定不變的。紙盤上有各種房地產地段和命運、機會等。玩家輪流擲骰子決定走的步數，每走一次，就可以決定是否要置產或繳錢給其他玩家，或是根據所抽出的機會或命運，決定繳錢給銀行或收到銀行的獎金。總之，錢在銀行與玩家之間不斷的換手，但總數不增不減。

剛開始，每個玩家的實力都差不多，看不出誰贏誰輸。但玩個幾輪下來，就可以很明顯的看出來，某個玩家累積了不少錢，而且擁有雄厚的房地產。此後，其他玩家只有一路挨打的份。最後，這個遊戲一定有個贏家，而且只有一個贏家，其他人都輸到破產（銀行除外），從未有和局發生。

這並非偶然。

在說明為什麼之前，我們試著稍微改變一下遊戲的初始設定，看看會有什麼變化。現在，假設一開始發給玩家某甲十倍的資金，但其他人所分到的錢不變，規則也沒有改變。如果你有興趣，可以找幾個朋友照這樣玩玩看，你會發現，最後的贏家就是某甲。因為某甲資金雄厚，即使連續被罰錢，也沒有什麼影響。

此外，某甲還可以一路置產，產生收入。而他的收入，就是來自於其他玩家不幸走到他所擁有的房地產上。不用多久，其他的玩家就紛紛破產了。

我們可以看到，在這個遊戲裡，越是有錢的人，就越有機會變得更有錢。又因為是零和遊戲，所以，其他人就越來越窮，最後破產！

馬太效應：勝利不是平均分配，而是贏家全拿

看到了吧，在連續的零和遊戲裡，如果每一局的輸贏是個公平賭局，最後將是由一個人勝出，其他人則會破產。這就是財富自然集中的效果，又叫做「馬太效應」（Matthew Effect）。

簡單來說，馬太效應就是好的越好、壞的越壞、多的越多、少的越少的一種現象。勝利的果實並不是平均分配給每一個參賽者，而是贏家全拿。最早提出這個概念的是羅伯特・莫頓（Robert Merton），他正是諾貝爾經濟學獎得主及長期資本管理公司（Long-Term Capital Management，簡稱LTCM）主角小莫頓的父親。他發現研究論文的聲譽，都被「較知名」的學者拿走了，而沒沒無聞的學者，即使貢獻一樣大，仍很難獲得名氣。莫頓發現，不論在哪個領域，一旦在某方面取得些許優勢，就有很大的機會進一步取得壓倒性的優勢，並引用《聖經・馬太福音》裡的一段

話：「凡有的，還要加給他，叫他多餘；沒有的，連他所有的，也要奪過來。」

大富翁這個簡化的金錢遊戲，就具有馬太效應的特色。

真實世界的金融操作，似乎也存在著馬太效應。請檢視一下你周遭的朋友，真正在股市裡賺到錢的，十個人之中，可能不到兩個人。我多年從事證券期貨業務的經驗也是如此，賺錢的總是極少數的客戶，大多數人都是賠錢收場，甚至黯然退出。另外，我們也可以從「我如何在股市或期市賺到一億或一千萬元」這類的書籍大賣得到佐證，因為這表示大多數人的操作成績乏善可陳。

至於金融操作為什麼會有馬太效應，各家說法不一。有的人主張優勢來自於對風險的承受能力，審慎而老練的大戶，較能夠長期的把風險管理工作做好，從而有長期的獲勝機會；反之，過度槓桿操作或沒經驗的生手很容易被斷頭出場。資金薄弱加上風險控管失當的人，容易以失敗作結，尤其是在市場有大波動時；而他們所損失的錢，在零和遊戲之下，就進了那些風險控管比較好、資本比較雄厚者的口袋裡。這些贏家賺了錢之後，承受風險的能力又更上一層。因此，無限玩下去的結果，就形成了強者越強、弱者越弱的局面，最後是大多數人賠錢、少數人賺錢。

總之，我們只要知道短線操作的結果是大多數人賠錢、少數人賺大錢，這就夠了。

現在我們再回頭看看期貨或股市短線操作是什麼樣的遊戲：它是零和遊戲，而且只有少數人賺錢（或大多數人賠錢）。如果你選擇去玩這樣的遊戲，其下場可想而知！除非，你是那少數人之一。

經過上面的說明，我們總算知道，為什麼玩低買高賣賺價差的遊戲，是那麼的困難了：零和遊戲加上馬太效應！

正和遊戲：交易雙方互蒙其利

那麼，有沒有正和遊戲呢？交易的雙方互蒙其利，而且大家越玩越有錢？當然有，而且答案出乎意料的簡單，就是日常生活上的一般交易！其實這種日常交易，就是經濟社會分工合作的基礎。想像一下遠古時代的人，生活所需全都要靠自行打理的情形：肚子餓了要自己去打獵或採野食，冷了得自己做衣服，房子得由自己蓋。這樣的社會，不論基本環境如何富饒，我們知道，都是很原始的社會，與現代社會不可同日而語。

但透過交易，分工就產生了；有的人專門打獵或生產食物，有的人專門做衣服，有的人專門蓋房子。分工的結果，更有效率，且技術不斷進步。這都來自於交易。現代社會裡的人，在嚴密複雜的分工下，只做很專門的一部分，把多餘的拿出來交易，換取生活所需。這就是正和遊戲，人類已經靠這個遊戲不斷的累積發展，達到不可思議的程度。

一場戲局，我們可以按照全部參賽者報酬總和的變動情形，區分為三種類型：零和遊戲、負和遊戲和正和遊戲。甲乙丙丁四個人打麻將是最容易說明的例子。假如甲贏錢，他所贏的錢當然是來自乙丙丁三人。也就是說，這四個人的輸贏，全部加起來，一定是零。而這四個人就算打了三天三夜的麻將，牌桌上的錢不會變多，也不會變少。這就是零和遊戲。

接下來，假設有一個抽頭或分紅的人，戊。每當甲乙丙丁四人打完一局時，戊就跑過來，從牌桌上拿走一千元，於是牌桌上的錢就會越來越少。打一局少一千元，打十局就少了一萬。這就是負和遊戲。可想而知，在負和遊戲裡打久了，錢都被人家抽走了，就算你技術再好，手氣再順，恐怕也是凶多吉少，更何況不善於打牌的人！

可想而知，**正和遊戲就是總報酬越來越多的遊戲**，這當然不會是打麻將賭博之類的活動。貿易、分工合作和談判妥協是才最常見到的例子。我試著以一個經典的分工合作例子來說明。A和B兩人原本每天都必須織布和縫衣服，A一天可以織兩匹布外加縫製五件衣服；B一天可以織四匹布並縫兩件衣服。也就是說，這兩個人一天總共可以生產六匹布加七件衣服。現在，如果兩人分工，A專門做衣服，一天可以做十件；B專心織布，一天可以生產八匹布；於是兩個人一天總共可以生產八匹布和十件衣服。整體生產力比分工前多了兩匹布和三件衣服。這就是正和遊戲，也是人類經濟生產力不斷提升的關鍵。

投資也有可能成為一種正和遊戲。譬如說，你的朋友生產的粽子非

分工前生產力

	A	B	合計
布	2	4	6
衣服	5	2	7

分工後生產力

	A	B	合計
布	0	8	8
衣服	10	0	10

常受市場歡迎，供不應求。但他礙於財務壓力，一直不敢增加設備擴大產量。而你正好有一筆資金，閒置在銀行很久了，利息又低。於是你們兩個達成協議，由你出資認股，讓他用這筆錢去增添設備擴大生產規模。最後粽子工廠的業績大幅成長，獲利增加，而你這個股東也分到很好的股利。

我們從股市買進一張股票，表面上當然是跟上一手投資人買的，和標的公司無關，也不容易看出正和遊戲的存在。但從實質面來說，你就是買到一張股票，的確是這家公司的股東了，而這家公司也確實從這張股票募到他所需要的資金。雖然中間隔了好幾手（應該說，成千上萬手），價金也不完全相同，但還是不能否認你投資這家公司的事實。

從而，當你買進一家好公司的股票，這家公司運用資本努力賺錢，而你則是耐心的等待投資收益，這便構成一個正和遊戲。

再舉個例子，就是國際貿易。大約在兩百多年前，有些人對國際貿易主張保護主義，希望透過各種障礙，阻絕外國進口商品的競爭，以保護國內產業，同時也保護一個國家的外匯存底。採取這種保護主義的國家，最後都經濟落後，成為列強欺凌的對象。為什麼？因為在保護主義之下，一個國家的經濟無法在最有效率的狀況下發展，明明外國有更價廉物美的東西，卻為了保護國內的少數產業，而讓整個國家的人民付出更高的代價。經濟學家**大衛・李嘉圖**（David Ricardo）更提出比較利益理論，證明即使甲國生產工業產品及農產品都比乙國有效率，仍然可以透過貿易和分工，使得兩國的生產效率都獲得提升。這就是正和遊戲，也是資本主義的基礎。

小辭典

大衛・李嘉圖（David Ricardo）

大衛・李嘉圖（一七七二年四月十八日—一八二三年九月十一日）是英國的政治經濟學家，對經濟學有系統性的貢獻，被認為是最有影響力的古典經濟學家之一。他是一位成功的商人，也是金融與投機專家，還因此累積了豐厚的財產。

李嘉圖並非科班出身的經濟學家，因父親是一位富裕的證券經紀人，所以聘請了私人教師來教育李嘉圖。他在二十一歲時因信仰問題，被父親逐出家門，靠著自己在證券界的奮鬥，不過七年的時間，就已經成功致富，從而有閒暇的從事他在文學、科學上的興趣，特別是數學、化學，以及地理學。

二十七歲時，李嘉圖在偶然間讀到亞當・史密斯（Adam Smith）的《國富論》（*The Wealth of Nations*），進而對政治經濟學產生興趣，開始研究貨幣、黃金，和價值等經濟問題，並陸續發表文章。《政治經濟學及賦稅原理》（*Principles of Political Economy and Taxation*）為李嘉圖的經典之作，也使得他成為古典經濟理論的宗師，而他所提出的「比較利益」（comparative advantage）概念更是影響深遠。李嘉圖的最後一本著作《絕對價值和相對價值》，則讓世人對於「價值」與「交換價值」的區分，有更明確的認識。

你的投資可以像參與一個正和遊戲

這和股市投資有什麼關係呢？現在，請忘掉期貨操作和股市短線交易，暫時不要去想低買高賣的股市賺錢術。請思考最基本的原理：當你買進一張股票，其實就是把你的資本投資在某一家上市公司，從事生產或提供服務。公司的產品或服務，當然是要賣給客戶，也就是我們在這節所講的正和遊戲，公司和客戶互蒙其利，大家都得到好處，而且，這個好處很可能會無限的累積下去，讓公司有長期的成長和獲利。

在這種情況下，你的投資其實就是參與一個正和遊戲，玩得越久，越有賺頭。我們可以在這個遊戲裡累積財富，得到理想的報酬。而且，這不是少數人的專利，只要是股東，都可以按照比例分享。

當然，這樣的遊戲也不是打包票一定賺錢，還有很多因素要考慮，例如產業競爭、景氣變化，和經營問題等，可能會讓我們所投資的公司不僅沒有獲利，甚至還有可能倒閉。但這些問題，我們留待後面再做進一步的探討。在此，我們只用來做初步的判斷，選擇一個正確的遊戲去投入，如此而已。

總之，就是直接去思考你所投資的公司，對客人提供了什麼產品或服務，是否構成一個「客人滿意、公司賺錢」的循環——正和遊戲。

投入的遊戲不同，思考重點也不同

玩骰子的人，心裡想的都是如何擲出一個理想的點數；打橋牌的人，則是滿腦子叫牌、記牌，和算牌。同樣的道理，投資股市時，當你選擇不同的遊戲，整個人的思維也會完全不同。

短線操作、想要迅速獲利的人，他們玩的是零和遊戲，所以總是以漲跌為思考主軸。股市要漲了嗎？哪一檔股票最會漲？現在是不是已經漲到滿足點，該獲利了結了嗎？央行調息會不會造成股市大跌？美股對台股的連動如何？外資這幾天買超是不是看好台股？你認為這波會突破一萬點嗎？我的操作績效要如何打敗市場？

上述這些都是我們耳熟能詳的問題，但很不幸的，因為是**零和遊戲**，不論大家如何努力去研究、去操作，都不會對股市帶來正面的幫助，**只是一群投資人之間相互較勁**、相互廝殺罷了。結果是，有人輸，有人贏，而在馬太效應之下，最後是大多數人輸，少數人大贏。像你我這樣的一般人，沒有內線、沒有通天本領，最有可能的結果，就是落在輸錢的一方。

而且前面提過，你不可能學到那少數人的真正賺錢方法。理由很簡單，如果你就是那些賺錢的少數人，你會把方法公諸於世，教導大眾學會你的方法嗎？我想，你現在應該明白了，電視上那些號稱出神入化的老師，絕對不可能把真正的賺錢本事提供給你。

我們甚至可以更進一步，從一個人的談吐，來研判他是否從事零和的短線操作。一個人的心裡在想什麼、關心什麼，一定會表現在他的言談之中。因此，當他關心的是短線漲跌與股市動態時，談話間便少不了行情預測、成交狀況、外資法人進出、融資融券狀況，以及線形走勢等。對於這樣的朋友，我們大概知道他是從事零和遊戲，除了極少數是賺錢的高手之外，很少人是真正的贏家。

如果一個人在股市裡所參與的是**正和遊戲，那麼他會關心哪些事呢？**他會關心公司的獲利能力、業績、經營績效、競爭狀況、客戶動態、產業新知等，就好像自己有個小事業似的。

由於正和遊戲的報酬可以長期累積，這樣的朋友便會關心複利與報酬率的問題，也會思考企業和產業的長期競爭狀況。熱門產業固然迷人，但把時間拉長，一些沉悶卻有穩定報酬的事業，或許更具有吸引力。因此，他們所關心的標的公司，往往不是熱門股，而是冷門到極點的陌生公司。

當你碰到朋友談這些冷僻的東西時，就會知道他做的是正和遊戲。

總之，隨著所投入的遊戲不同，你的思考重點也將不同，然後自然而然的，好像成了所謂的逆向操作派。其實，你不是為逆向而逆向，而是發自內心，因為你知道正和遊戲與零和遊戲的不同之處。

第2章

競爭優勢——獲利保證

◆

有的產業比較接近完全競爭端、有的比較接近壟斷端，我們要找的產業或公司，當然是後者。我們要買的，其實就是壟斷力量。因此，簡單來說，壟斷力量就是競爭優勢，而長期競爭優勢，就是獲利的保證。

◆

整個「正和遊戲」投資法的核心，就建立在標的公司的長期競爭優勢上。管他風吹雨打，具有優勢的公司，總是能賺錢。所以我們能夠放心的長期持有，不用膽戰心驚，同時還能享受複利的果實，和股市偶爾出現瘋狂大漲（我稱之為瘋狗浪）的意外之財。

如果公司不具備競爭優勢，企業沒有安全而穩定的獲利，我們的「正和遊戲」就是痴人說夢。而沒有正和遊戲，我們就被迫投入零和遊戲，那麼股票交易將是一連串的競技與賭注，絕非良好的投資。

競爭優勢的概念

幸好在現實世界裡，的確存在著具有長期競爭優勢的企業與商家。看看我們的周遭，同樣是餐館，即使是在非常不景氣的年頭，有些餐館依然是門庭若市。還有許多不起眼的老店，堅韌不拔的存在了數十年，甚至百年，靠的竟然只是簡單幾樣的傳統商品。

日前我到鹿港旅遊，順便買了當地老店**玉珍齋**的糕餅，其東西好吃自然不在話下，最讓我感到訝異的是，這家店裡人氣鼎沸、川流不息，而附近販售類似商品的店家，即使連招牌都很類似，生意卻硬是差了一截。這就是競爭優勢，而且是長期的競爭優勢。我相信幾十年來，很多販賣傳統糕餅的店家應該都倒了，只有少數像玉珍齋這樣的好店才能屹立不搖。如果我們是這家店的長期股東，那該有多好？如果我們是玉珍齋的股東，你還會在意今天股市的漲跌嗎？

不過，玉珍齋畢竟不是上市公司。我們是否可以在股市裡找到具有長期競爭力的公司？長期競爭優勢又是什麼？有沒有簡單明確又好用的標準來判別呢？接下來，我們就要詳細介紹這部分。

小辭典

玉珍齋

玉珍齋創立於清光緒三年（西元一八七七年），當時鹿港的黃家為米商，店名「黃泰豐號」，富甲一方。玉珍齋第一代創始者黃錦，從泉州請來糕餅師傅鄭槌製作各式糕點，與賓客在書房玉珍齋聚會時，就會奉上各式精緻的茶食糕點招待客人。由於口感細緻、味道香濃，備受讚美，便有朋友建議黃錦乾脆開一家專賣糕點的餅舖，於是玉珍齋就這樣成立了。

第二代黃仕元愛好詩書，常與文人雅士交流，玉珍齋的製餅師傅便苦心研究出更多種類的糕點，以滿足仕紳的口味，此時的玉珍齋可說是達到一個顛峰，遠近馳名。其後雖歷經戰亂，玉珍齋仍屹立不搖。不過，在第四代傳人黃森榮於一九九九年過世後，第五代之間發生了商標權爭議。

此外，當年的糕餅師傅鄭槌也獨立開店，名為「鄭興珍餅舖」。鄭槌有兩個兒子，一人繼承鄭興珍餅舖，另一人則開設「鄭玉珍餅舖」，目前已傳至第四代。

彰化鹿港除了玉珍齋、鄭興珍、鄭玉珍這三家老店之外，最多還曾經衍生出二十多家同質性很高的糕餅店，蔚為奇觀。儘管如此，本店的生意仍然是一枝獨秀。

一百年前的玉珍齋店面全貌。（照片提供：玉珍齋）

長期競爭力具抗跌性

彰化鹿港的玉珍齋之所以屹立百年，憑藉的便是長期的競爭優勢。如果我們可以在股市裡找到類似具有長期競爭力的公司，你還會在意今天股市的漲跌嗎？

2018年的玉珍齋店面外貌。（照片提供：玉珍齋）

個體經濟的世界，就是競爭與壟斷

學過經濟學的讀者一定知道，競爭是一個經濟或市場達到效率的根本力量。在完全競爭之下，產品售價會降到一個「最適」水準，一方面，廠商在這個價位上生產，不至於虧損，但也不會有超額的利潤；另一方面，消費者也買得起。此外，在完全競爭之下，資源可以被充分利用，同時滿足最多人的需求，所以我們說，這是「最適」狀況。

如果市場價格比這個「最適」價格高，那麼廠商就會有比較高的利潤，於是吸引更多的廠商加入，或是使得原有廠商生產更多的商品，從而使得市場的供給變多了；另一方面，由於價格高，消費者就買得比較少，也就是說，需求減少了。因此，市場出現供大於求的狀況，迫使價格回跌，跌到「最適」價格為止。此時，廠商又回復到原先的狀況，沒有超額利潤。

投資人應該避開完全競爭市場

現在，讓我們回到競爭的概念上。可以想見，身為一個股東，我們不希望競爭，因為競爭是企業獲利的殺手，而公司沒有利潤，我們的投資也乏善可陳。

或許，對於經濟學很陌生的讀者，可能覺得前面的解釋還是不夠，沒關係，我們用一些例子來加以說明。大致上，沒有品牌的農產品都接近完全競爭市場。以稻米為例，除了少數的池上米、有機米之外，基本上只要是相同規格的稻米，就幾乎完全相同，而且價格也差不多。

在這樣的市場之下，稻米的產銷是很有效率的，而我們消費者也能享受到物美價廉的米。可是，請注意！生產稻米的農民利潤微薄，在扣除生產成本之後，可說所剩無幾。

現實生活中，有很多產業是接近完全競爭的，這種產業有許多的廠商參與，也有許多的消費者，同時，其產品幾乎完全一致，沒有特殊規格、品質差異，或品牌差別。大宗物資的農產品就是最好的例子。例如香蕉生產過剩，蕉價慘跌，讓蕉農痛苦不堪。

工業產品中的記憶體、光碟片、面板等，也有類似的情況。儘管各家廠商都宣稱自己的產品比別家更好，但對消費者來說，差別實在很有限。由於這種產業接近完全競爭，廠商之間時常殺價競爭，以至於獲利微薄。我們當然要避開這樣的產業。

判別企業的壟斷力

和完全競爭相反的，則是壟斷市場。在這種市場裡，只有一家供應的廠商，別無分號，消費者只能被迫接受。當然，廠商有決定售價的絕對能力，可以選擇把價格訂在對自己最有利的價位。可想而知，這是暴利。因此，政府多半會加以設限，或乾脆收歸國營，例如臺灣早年的菸酒公賣局。

我們只要知道，完全競爭和壟斷是兩個極端就行了，一個極端是產品毫無分別或特色，而且廠商眾多，誰都有能力生產；另一個極端是只此一家，別無分號，消費者只能選擇買或不買，沒辦法找到其他的供應廠商。大多數的產業是介於這兩個極端之間，產品不是完全相同，有一些特色，但又不至於找不到替代品；只不過，有的產業比較接近完全競爭端，有的比較接近壟斷端。我們要找的產業或公司，當然是後者。我們要買的，其實就是壟斷力量。因此，我們要有一套判別企業是否具有壟斷力量的方法。在此，我們可以簡單的說，壟斷力量就是競爭優勢，而長期競爭優勢就是長期獲利的保證。

看公司的護城河有多深、多寬

有了前面的簡單概念之後，我們就可以開始**研究一家公司是否具有壟斷力了**。品牌、專利、特殊位置等，都可以構成壟斷力。例如，品牌在一些消費性的產品上，就有相當的影響力。像是捷安特腳踏車，即使規格、性能與一般的腳踏車差不多，其價格就是會貴上許多。專利更是排除競爭者的法律保障，例如生產威而剛的輝瑞藥廠（Pfizer）。特殊位置就像是過橋收費一樣，任何人車經過，都得留下過路費，但不限於地理位置，例如中華電信擁有全臺重要的通信網絡。

不過，上市公司千奇百怪，產業更是複雜，壟斷力當然不僅限於上述三項因素，還有很多我們料想不到的項目。如果我們只就這幾個因素去找，難免掛一漏萬。另一方面，時間是很大的變數，常常今天某家公司具有前面所提的某一種壟斷力，過幾年後就消失了。所以，我們需要一些檢驗的方法，而不只是條列式的歸類，唯有這樣，我們才能因應各種情況靈活運用，而不是僵化死記。

巴菲特提出「護城河」的比喻，就是一個很不錯的判別概念。把一家公司的獲利能力當作城池，競爭對手看到有利可圖，當然無所不用其極的想來攻城略地。這時，護城河有多寬，或有多深，就是一個壟斷力或競爭優勢的判別概念。沒有護城河保護的公司，敵人一下子就攻進來了，公司的利潤馬上消失。有了護城河，敵人不是攻不進來，而是需要耗費一定程度的人力、物力，當然還需要時間才行。那些護城河既深且寬的公司，甚至會對敵人產生嚇阻效果，可以不戰而屈人之兵。

現在，我們試著來看看台塑企業集團，台塑的產品其實談不上品牌、專利，或過橋收費，卻具有長期的競爭優勢。原因很簡單，因其具有高效率的管理經營能力，和長期建立起來的產業地位。想像一下，你是一家外國的石化廠，想要來臺設廠，和台塑集團競爭，你將會面臨設廠成本、經營效率，以及產品品質是否能夠和台塑一決高下的問題。此外，光是設廠時的環保抗爭問題，就足以讓你退避三舍了。換句話說，雖然沒有品牌和專利等東西，台塑集團仍然具有相當深厚的護城河。

看數字，用剔除法和看不景氣時

前面所說的，都是概念上的判定，最終我們還是需要客觀數字做確認。畢竟，一家具有長期競爭優勢的公司，應該不可能是虧損或是負債累累的。我們要用幾個簡單的數字，去驗證或判別所選出來的標的公司是否具有競爭力。當然，我們也可以反過來，先用幾個數字去篩選，再做概念上的研判。這兩種方式是不衝突的，甚至於有時還需要反覆驗證，因為確保標的公司具有長期競爭力，是我們這個方法的核心。當然，你也可以做更深入的財務報表分析，但那已經不是本書的範圍了。而且，一如巴菲特的哲學，對於太難研判的股票，我們可以放棄不買，無須逞強。我們只要做自己能力所及的事。

首先，是公司歷年的獲利狀況。你可以看每股盈餘（Earnings Per Share，簡稱EPS），也可以看稅後盈餘，方法很簡單，就是**看五到十年的數字**，**穩定獲利者**就有可能是具有長期競爭力的公司。至於獲利忽上忽下，甚至兩、三年就出現一次虧損的，那肯定不是我們要的公司，可以立即剔除。我個人最喜歡用剔除法，先以概念選出一些可能的公司，然後用客觀數字把不合格者去掉。

看獲利數字還有一個訣竅，就是**特別注意不景氣或金融風暴年度**的狀況。例如二〇〇八和二〇〇九年，如果公司在這兩年的獲利，都與正常年度所差無幾，就更能證明其競爭優勢了。

那麼，如果各年度都不錯，就是在不景氣時會虧損，對於這樣的公司，我們要如何判定？這種事不是考試，沒有標準答案，就算交白卷也不會留級，我個人的方法是，乾脆放棄這家公司，別再費心了，還是把精力和資源留給其他公司吧！

那麼，每股盈餘多少比較好？雖然直覺上是越高越好，而且最好呈現穩定成長的趨勢，但還是要小心一點，尤其是最近三年連續高獲利的情形，很容易讓我們心動。但太高的獲利，通常屬於熱門產業，其狀況瞬息萬變，同時還會引來競爭對手的覬覦，暗中投入類似產品來競爭，或是公司人才被挖角，很容易在第四年或第五年便出現獲利重大衰退的情形。總之，**每年EPS維持在三元以上我就很滿意了**，兩元的也可以接受，但我們寧缺勿濫，並避開獲利過高的熱門公司。

巴菲特愛用的淨值報酬率，有玄機

再來就是**淨值報酬率**，或稱為股東權益報酬率（Return on Shareholders' Equity，簡稱ROE）。上市公司的財務比率分析是公開資料，上網搜尋即可獲得，你不用自己計算，只要知道這是盈餘除以淨值就行了。譬如說，你有十萬元的自有資金，另外向銀行借了五萬元，總計十五萬元去做小生意，一年後賺了三萬元，你的淨值報酬率就是三萬除以十萬，等於三〇%。

ROE所衡量的，就是公司用股東的錢去賺錢的能力。巴菲特最喜歡用這個數字來挑公司，好公司自然都有不錯的ROE。**一般來說，一五%以上就很不錯了**。ROE長年保持在一定水準以上的公司，極可能就是擁有長期競爭優勢的公司。此外，我們會在第四章介紹，這樣的公司，將有能力抵抗通貨膨脹。

同樣的，ROE在**近兩、三年出現超高數字的公司，也要特別小心**，因為那代表公司所經營的事業太好賺了，容易引來競爭對手，而且敵暗我明。一不注意，下一年度的獲利就開始因市場競爭出現而鈍化或衰退。這時候，股價將會暴跌，還極可能會是永久性的跌價。

小辭典

淨值報酬率（Return on Shareholders' Equity，股東權益報酬率）

這是一個財務分析指標，其基本公式為：

股東權益報酬率＝稅後盈餘÷股東權益。

就概念上來說，這個指標所表示的是，一家企業的經營能為股東所出資的每一塊錢產生多少獲利（通常以一年為期限）。例如ROE＝〇．三，代表公司可為股東的每一塊錢賺到〇．三元的獲利。

因為連續兩、三年出現高獲利，就會變成熱門標的，而有高本益比。當競爭者出現，使得標的公司的獲利下跌，同時也會引發本益比的下降，兩個因素加在一起，就是暴跌。這類的利潤減少，因為是來自於同業競爭，將難有恢復的一天，所以常常是永久性的跌價。

例如，某家公司的每股盈餘在最近三年，從六元衝到十元，這時的本益比是四十五倍，股價為四百五十元。不料，隔年因競爭對手加入而獲利下降，每股盈餘減少為七元，本益比也跌回到三十倍，股價為兩百一十元。換句話說，在一年之內，跌了五〇％以上，而其每股盈餘很難重振雄風。

負債過高，ROE再高，都不能買

最後，就是負債的情形。具有競爭優勢的公司財源滾滾，根本不缺錢，所以很少舉債。通常負債來自於短期周轉用的性質，如應付貨款，或是作為週轉金使用的短期負債。所以，如果一家公司有相當高的長期負債，而且沒有跡象顯示逐年快速下降，就強烈暗示這家公司不具有強大的競爭優勢。

關於這點，我很難用明確的數字來表示，但各位讀者一定要去看歷年長短期負債的增減情形。通常來說，具有競爭優勢公司的長期負債是零，或接近於零；短期負債則要看產業性質而定。無論如何，負債過高的公司，不論ROE有多高，都要避免投入。

代工代到無可取代，就是臺灣優勢

前面所介紹的方法，是判別一家公司是否具有長期競爭優勢的基本概念。巴菲特就是用這個概念作為投資的主軸，並不吝與世人分享。但有時我們在運用上，會有實務上的困難，很難在臺灣找到類似可口可樂（Coca-Cola）這麼明顯具有優勢的公司，因而讓人有「是否適用於臺灣股市」的懷疑或爭論。

臺灣的企業，競爭力當然比不上美國的一流公司，但競爭力是相對的，我們也許沒有可口可樂，但一定有公司具有相當程度以上的長期競爭力。只要這些公司長期展現穩定扎實的獲利能力，能在臺灣面對最激烈的競爭和嚴酷的不景氣，就夠了。臺灣有很多企業都是以代工為主，例如台積電或鴻海，依照前面的分析法，除了客觀數字符合標準之外，在概念上，只能用具有成本效率的觀念去解釋。這些公司並沒有重大的品牌優勢，或像可口可樂一樣的獨家配方。更重要的是，這些公司的客戶往往不是最終的消費者，而與巴菲特所說的消費性壟斷不太一樣。

可是另一方面，這些代工大廠並不單純只有成本優勢而已，他們所提供的服務無微不至，讓被服務的客戶很難找到替代者，只能長期合作下去。而且，這些代工企業的**毛利率**（Profit Margin）雖然比不上世界級的品牌大廠，可是多年來仍維持不錯的獲利能力，讓競爭對手無計可施。難道這不是一種長期的競爭優勢嗎？

小辭典

毛利率（Profit Margin）

毛利是指銷售收入減去銷售成本，而毛利率＝毛利÷銷售收入。這個指標可以用來衡量單一商品，也可以用來衡量整家企業。

例如，一支筆賣十元，成本為八元，那麼毛利就是兩元，毛利率為二〇％。如果一家公司的銷售收入為一百萬元，銷售成本是八十五萬元，則毛利為十五萬元，毛利率便為一五％。

再者，我個人早期在應用巴菲特的概念時，陷入了一個迷思，認為品牌一定比代工優秀，因此企圖尋找臺灣的品牌公司，而忽略了代工企業。我發現，有時這是一種偏差。因為品牌世界的競爭也是非常激烈的，二線品牌未必具有優勢。我們也看過某些電子大廠去併購世界知名品牌，結果卻落得虧損累累的例子。**花大錢去建立一個不痛不癢的品牌，倒不如在代工方面做到盡善盡美**來得有利。

因此，我試圖從生態的角度，提出「合作優勢」的概念，作為競爭優勢之概念的輔助，讓我們把一家好公司的優勢，看得更清楚。我完全沒有取代或推翻「競爭優勢觀」的想法，只是希望能以另一個角度來看問題，達到相輔相成的作用。至少，讓我們可以避免陷入天真的品牌觀點，而忽略了許多的寶物。

競爭優勢的背後往往是穩固的人脈網絡

前不久，和幾位友人聚會，一位曾經在某藥廠從事業務工作的朋友說，藥廠的業務員對醫師多半畢恭畢敬，因為醫院是他們的衣食父母。但他發現，少數資深的業務員幾乎是「躺著幹」，因為他們和醫師有長期合作的關係，醫師通常也不願意隨便更換藥商，除非是有特殊事件。無獨有偶，另一位從事室內設計工作的建築師朋友也表示，他們對於合作已久的包商，通常也不會隨意換掉，因為室內設計工作常常形同作戰，誰會沒事去更換合作夥伴，那簡直是自找苦吃。

我們一般人的日常生活，也是習慣成自然。譬如，習慣在哪幾家餐廳用餐、習慣搭乘哪種交通工具、習慣聽哪類音樂、習慣看哪些電視節目等。偶爾我們會去試試新的東西，但大多數時候是不想花腦筋的，只求方便習慣就好。因此，我們並不像經濟學教科書所講的，時時刻刻保持理性，對每一個行為，尤其是消費行為，會去徹底的蒐集資訊、研究比較、選擇最優者，反而是「方便就好」。

奇美集團創辦人許文龍曾說，他喜歡用生態學的角度來看生意。企業或市場，就好像一個生態體系，個體與個體之間，有複雜的相互依存和競爭關係，企業不可能獨立生存。

這些關係之複雜，完全超乎我們的想像。除了同業間的競爭關係、上下游廠商的供需合作關係之外，別忘了，企業是由人所組成，所以還有企業與員工的關係、A企業員工與B企業員工的關係、企業與股東的關係，當然還有企業與消費者的關係。這麼複雜的互動，我們如何判斷某家企業具備有意義的優勢呢？尤其是，我們只能從公開資料取得訊息，而這些關係通常不是公開資訊的範疇，更別說該如何判斷了。

當然，我們可以從一些故事性的報導，來了解一家公司是否具有很好的合作關係。例如，一些知名家族或人士所經營的企業，經常成為媒體的焦點，但這畢竟不是一個客觀的方法，媒體的報導經常有所渲染，而且若不是熱門人物或企業的話，可能完全不會受到媒體的青睞，所以這只能當作參考。

如果公司不錯，大股東為何要拋股至最低水位？

那麼該如何著手呢？其實很簡單。我們所要確認的，只是一家公司是否擁有優勢的合作關係，至於這關係是什麼、如何建立、有什麼故事等，雖然也很想知道，但不知道也無大礙。如果看到蜜蜂或蝴蝶成群飛舞，我們便能知道，這裡一定有美麗的花朵。同樣的道理，如果一家公司擁有價值不斐的合作關係，其股東和員工應該最了解，一定長期享受此一優勢，不會輕易拋棄。

至於那些**董監持股不足**，經常發生改選之爭的公司，則**可以直接剔除**。如果公司不錯的話，原始大股東為何要拋售持股到最低水位？

如果一家公司的前幾名大股東持股成數高，而且幾乎是原始股東，並長期持有，甚至長達數十年持有，我們幾乎可以肯定，這其中必有緣故。這種**長期的持股關係，隱含著公司擁有一個穩固的人脈網絡**，這是非常珍貴的東西。這些大股東的長期關係，如果容許我們進去仔細探究，將會發現，其實就是上下游、客戶、幹部，和員工的人際網絡。

這種公司的股東會很特別，尤其是在景氣低迷、業績不佳時，更是感人。你不會看到張牙舞爪的職業股東在現場作秀，只會看到許多慈祥的長者在私底下為臺上的經營團隊打氣：「沒關係，我們只要好好做就行了。」類似這種股東和經營團隊之間，很可能是數代世交的關係。

股東和員工的持股狀況，更是觀察指標

員工的情況也類似。挖角、被挖角、裁員、無薪假、抗爭等事例，只顯示出一家公司對員工的關係，僅止於冰冷的聘雇契約而已。這種關係是薄弱的，很容易瓦解。就算公司有什麼優勢，恐怕也不會長久。

相反的，如果員工對公司有信心、有熱誠，會明顯表現在他們的持股上。好公司的員工不會一拿到配股就拋售，因為他們知道公司的價值，值得長抱，也樂於長期持有。關於這部分，我們至少可以**觀察公司主管持股的變動情形**。

總之，一家擁有合作優勢的公司，除了表現在獲利數字之外，常常也反映在股東和員工的持股狀況上。因此，我們可以用這點作為輔助，當作判別一家公司是否具有長期合作優勢的參考。

這是一個輔助概念，所以不適合訂定明確的規則，而比較依賴經驗的累積與綜合判斷。我的建議是，找幾家不同類型的公司，例如台積電、鴻

海、統一超或其他公司，去看看每一家公司的大股東和經理人的持股狀況，但是不要只看一年，要多看幾年的資料，漸漸的，你就會累積出一些心得了。當然，我們也要去看那些獲利不穩定企業的資料，畢竟多看、多比較，一些微妙的感覺自然就會產生。

也許你還不知道要到哪裡去蒐集這些資料，沒關係，現在開始留意都還不遲。請看各上市公司的年報，也可以上網至「公開資訊觀測站」查詢。

華爾街券商的用人之道：人脈就是資訊、資源

最後再補充一個看法，一家企業的優勢，表面上也許是技術、設備、品牌、人才，或是有魅力的CEO，但深入去看，那不過是一種人脈連結的結果。有好的人脈關係，才會有這些結果；反過來說，人脈關係出問題，

這些表面上的優勢可能很快就會喪失。

我們再從比較大的角度去看，一個社會的經濟資源分配，其實是循著人脈網絡去配置的，有些居於樞紐地位，有些則處於邊陲。人脈網絡不是一朝一夕建立的，但一旦建立起來，則可長可久。有了好的人脈網絡，就容易分配到好的經濟資源，從而有好的獲利能力。

從這個觀點來看，投資就是把我們的資金投入到好的人脈網絡，甚至是樞紐位置上。如果我們有幸將投資放對了位置，就好像是房地產上所講的「占到地王」一樣，你就能享受到最好的經濟優勢。這時，你還需要擔心景氣波動或短線問題嗎？你還要不斷的買進賣出嗎？

經濟資源循著人脈網絡做分配這個概念，也許有些抽象，但絕非虛構。你也許會覺得談這個是不是離題了？但投資就是這麼一回事，重點在於人脈網絡。人脈網絡甚至會世代相傳，形成階級區隔。華爾街的大券商深諳此道，喜歡聘用重要人士的子女或朋友，有了人脈，就有資訊管道和資源。有些厲害的券商，其力量有時還足以影響政府的施政，關係可說是錯綜複雜。

我們一般升斗小民，本來都是人脈網絡上的邊陲，如今透過投資，哪怕只買進一股，也讓我們得以參與有競爭力並且提供穩定股利的公司，可以因此跳過社會階級的障礙，直接進入經濟資源的核心樞紐。這一切，都要拜股市之賜。

因此，請慎重選擇你的投資標的吧！

如果你的資金只能放幾個月，是很難有效果的

在進入下一章之前，我們再來看一下零和遊戲與正和遊戲的最大不同點：時間。正和遊戲因為每一局都不會有負報酬，所以會隨著時間累積獲利，這是零和遊戲所沒有的特色。我們從事正和遊戲，就要有長期持有

的打算。如果你的資金只能放幾個月，那是很難有效果的。這是第一個重點。拿短期資金來投資，你將被迫從事短線的零和遊戲。

第二點比較微妙。一般人在做投資決策時，往往會把重點放在風險與報酬上，這兩者當然是很重要的概念，可是如果我們仔細來看就會發現，這兩個因子都是用時間來表達的。報酬是一年的獲利率，風險則是一年的波動性；報酬和風險都離不開時間。

想想看，一天、一星期、一個月、一季、一年、五年，和十年，會有哪些變化。我們今天所看到的報酬和風險，也許在一個月內不會有太大的出入，但五年或十年後呢？恐怕已經滄海桑田了吧。

若拿今天所看到的風險和報酬，去推估未來五年或十年的獲利，簡直是妄想，所以我們才要尋找具備長期競爭優勢的公司。至少，我們要避開當紅的熱門股，否則，流行趨勢一變，就功虧一簣了。因為熱門產業會吸引最優秀的人才和豐厚的資本投入，不時出現革命性的新產品、新服務，和新廠商，使得既有的優勢公司在兩、三年的燦爛獲利之後，就遭受殺手級的競爭而失去優勢。

但是一些利基的小市場，常常為眾人所忽略，反而得以維持長期的獲利能力。

因此，從長期投資的角度來看，最好還是避開當紅產業，選擇利基型的企業比較好。俗語說得好：「惦惦吃三碗公半。」

第3章

你複利了嗎？

◆

複利過程非常枯燥乏味，是所有想要致富者的魔咒。頭幾年，績效曲線就像蝸牛在爬，使大多數人選擇放棄。但是，少數堅持下去的人，在大家都忘了這回事後，發現自己已經獲利頗豐。

◆

我有個朋友在幾年前買了某檔新興國家基金，不到三個月，就增值了二〇％。他很興奮的告訴我，按照這個獲利速度，保守估計，一年至少可以增值五〇％不成問題。如果每年複利五〇％，那麼很快就可以退休了。

這的確是我們很熟悉的經驗：初次投資成功，馬上用這個速度去「推算」未來可能的獲利，人生也充滿了希望。但接下來的發展，我們也很熟悉。由於市場波動，我們很警覺的「換股操作」，隨著行情上上下下，加上進進出出的結果，幾年之後，績效乏善可陳，不賠錢就算是萬幸了。

複利很簡單，卻難於上青天

複利觀念是投資理財的一二三，人人都懂，也了解其重要性。大家都知道，一旦有複利加持，只要時間夠久，的確可以讓我們的財富飛上青天。我們在投資之初，也多半會擬定一個「複利進度表」，心想著如果每年複利五％、一〇％、一五％、二〇％等，放個五年、十年、十五年、二十年之後，我們會有多少財富……多甜美的夢啊！

我承認，我剛投入股市時也曾這麼天真過，而且看複利表是從二〇％往上看，根本不屑那些五％、一〇％的資料。然而，幾年操作下來，才發現事與願違，完全看不到複利的成果。然後在不知不覺中，便把複利給拋諸腦後了。

我相信大多數人都沒有享受過複利的果實，甚至還認為在股市裡，複利只是個海市蜃樓的東西，讓人看得到卻摸不著，是不切實際的幻想。我不禁感嘆：「複利難，難於上青天！」

儘管如此，複利仍然是個重要因素，也是知名投資大師成功的原因之一。在第五章中，我們會看到一位老太太的真實故事，證明複利不是虛幻的東西。因此，我們要用最務實的態度，重新檢視複利的基本精神，並找出無法複利的問題出在哪裡，然後想辦法改善，建立一個務實可行的複利機制。

此外，我在後面的其他章節中，還會不厭其煩的把複利觀念拿出來談，因為這個觀念實在太重要，值得一提再提。

基本原理就是「錢滾錢」

現在，請先別管數學公式，也不要想得太複雜，用你自己的話來描述投資的複利作用。你會說：「簡單，不就是錢滾錢嗎？」是的，我們就要從這個簡單的概念出發，探討一些被我們忽略的重點。

首先，我們要有一筆錢，然後投資獲利，不論賺多賺少，但一定要賺到錢。接著，把賺到的這些錢，再拿去投資，再度賺到錢。

前面這段說明看似廢話，卻含有兩個重點：第一，投資一定要賺錢，至少不能賠錢，才談得上複利。請想想最典型的複利方式：把錢存在（安全）銀行裡，利率雖然低，卻仍然有複利效果。你每年收到的錢，都會再度滾入本金生息。

相反的，如果我們的投資賠錢了，複利作用不但馬上停止，還會被反咬一口。這下子，錢滾錢不成，反倒變成「錢虧錢」了。譬如說，你有一百萬元，每年投資都獲利，也都把錢繼續投下去，讓本金不斷增加，假設增加到了一百五十萬元。突然有一年賠了二〇％，那麼你的損失可不是一百萬元的二〇％（二十萬元），而是一百五十萬元的二〇％（三十萬元）。因為以前所賺來的那五十萬元，現在不但不能幫你賺錢，反而幫你賠錢，害你多賠了十萬元。

我們知道，投資有賺有賠，通常無法像定存一樣安穩獲利，所以，複利的過程很容易就被破壞了。

在上面的例子中，今年的投資，讓你的本金從一百五十萬元，退回到一百二十萬元，一下倒退了不少。而明年的投資是賺是賠，還是個未知數。在這種情況下，要在投資上建立複利效果，恐怕很難。即使堅持下去，努力做了好幾年，最後的成果未必比放在銀行定存來得好。這才發現，那些把錢存在銀行裡的人也不是傻瓜。

總之，**不賠錢是複利的第一個條件**。至於如何建立不賠錢的投資，後面會有專章加以說明。

第二個條件就比較簡單了：**賺到的錢要再投入**。做法很簡單，就是把每年收到的股息再拿去買股票。至於細節，後面的內容會再說明。這裡只是要說，很多的小額投資人因為拿到的股息不足以買到一千股，便把股息再投資給忽略了。請不要小看這些涓滴之流，當你收到股息時，就是再投入買股，即使是零股也不要放棄。

不要借錢操作，否則容易瞎忙一場

此外，還有一個條件，也許比較隱伏，但也很重要，那就是：從頭到尾，原則上最好都是你自己的錢。靠借錢投資，來達到長期複利作用，這是高難度的行動，充其量你只是在幫別人完成複利工作。因為銀行就是靠放款收息，才有辦法給存款人複利的利息。而你向銀行借錢來投資，你的投資有沒有賺到錢還是未定之數，卻一定要付利息給銀行。投資風險由你承擔，卻去幫別人完成複利工作、幫別人錢滾錢，這樣划算嗎？

也許你會質疑，如果我們看到一個五%的安穩複利機會，那麼借利率二%的錢來投資，不也是可行的方式嗎？的確，有人就是拿房子去抵押，借一筆利率二%左右的貸款，再去投資安穩的股票（例如中華電信）。此外，保險業就是用保戶所繳的保費去投資生息。但這種方式，現金流量就複雜多了，需要妥善控管。因為借來的錢，必須按照約定時間償還，而我們自己的投資何時會有收益入帳，卻充滿了不確定性，如果沒有足夠的專業能力，很容易會出差錯。

請記住，談複利，原則上本金就是指自己的錢。

要賺來自企業成長的複利

把錢存在銀行取得複利很簡單，我們只要把錢存進去就行了，銀行會自動幫我們處理，等時間到了就會入帳，分毫不差。但我們自己的投資想要複利，就必須了解這複利來自於何處。

首先，是企業的**「有機成長」**。

回首民國八十、九十年代，真是投資的快樂期，臺灣有好幾家重量級的優質企業上市，飛快成長，而且多數的上市公司也有強勁的成長力道。儘管期間曾經出現過亞洲金融風暴和網路泡沫，但投資人還是獲利頗豐。以第一百零一頁表3-1為例，從鴻海、台積電，和華碩等三家公司，於民國八十五年底和九十五年底的**淨值**來看，可以發現其十年間的成長都相當可觀。其中，鴻海的表現更是驚人，成長了將近三十五倍，年複合成長率（年複合成長率是指一個事業或一項投資在某一段期間（通常是數年），平均每年的複利成長率。這是一個推算出來的平均成長率，有助於我們掌握一個事業或投資在數年期間的成長速度）高達四三・○六%。

小辭典

企業的有機成長（organic growth）

企業在**本業經營上的成長**叫做有機成長。另一個成長要素是購併，買進別家公司，因而得到成長。這兩種成長模式孰優孰劣，見仁見智，也因產業或經營策略而有所不同。但就投資人來說，來自本業的有機成長較容易評估掌握，而購併則常常帶來意外的驚喜，有時股價因而大漲或大跌，非常刺激。

小辭典

淨值／每股淨值

一家公司的淨值，就是資產減去負債，在會計上叫股東權益，也就是股東所擁有的價值。例如有一家公司，他的總資產，包括現金、銀行存款、機器設備、房屋、土地等項目，在財務報表上顯示是十億元，負債合計是六億元，那麼，他的淨值或是股東權益就是四億元。而如果這家公司發行股份共計二千萬股，那麼每股淨值就是二十元。

淨值是一家公司在財務報表上所顯示的價值，通常不會等於市場和投資人心目中所認定的價值，而且也會因採用的會計政策而有所不同，卻不失為一個客觀的參考依據和合理評估價值的開始或基礎。譬如說，這家公司所擁有的土地，也許財務報表上列三億元，可是這塊土地位於大都會精華區，市價看漲，一般行情至少六億元，也有人估到八億元。那麼我們就可以根據這點，在評估合理價值時，把淨值再往上加三億或五億元。

優秀的企業把每年的獲利再投資，不論是用在擴廠、增添設備、開發新市場，或是改善技術，都可以帶來成長。這種本業上的成長，就叫做「有機成長」。從表3-1可以看到，這些公司平均每年都有二到四成的成長，表示出企業經理人已經替投資人做好複利成長的工作了。這幾家公司真是一流企業，可說是當之無愧。

也許有讀者要問，這是「有機成長」，那麼還有別種成長嗎？是的，如果企業把資金拿去轉投資，或從事併購活動，這樣所帶來的淨值成長，就值得商榷了。我們不能說併購或轉投資不好，而是說，脫離本業的投

表3-1 三家績優電子股十年淨值比較表

單位：新臺幣百萬元

公司名稱	民國85年底淨值	民國95年底			民國106年底		
		淨值	成長(%)	年複合成長率(%)	淨值	成長(%)	年複合成長率(%)
鴻海	7,328,975	263,159,674	3,491	43.06	1,171,792,455	15,888	27.33
台積電	52,113,940	507,981,284	875	25.57	1,522,759,643	2,822	17.43
華碩	6,650,488	132,466,895	1,892	34.87	178,674,303	2,587	16.97

資料來源：淨值資料來自於公開資訊觀測站。

資，變數相對比較多。再者，如果要從事本業以外的轉投資，我們自己去找別家上市公司投資就好了，何必把錢留在該公司，交給經理人去做呢？

這種高成長公司當然能夠帶給投資人複利成長，問題在於其股價通常也很高，甚至於過高，投資人如果不慎買到過高的價格，會使投資績效受到很大的影響。有關股價部分留待後面的章節再討論，我們在這裡只要知道，優質的成長企業，可以幫投資人帶來複利效果。

拿到現金股利後，要再買公司股票

企業不可能無止境的成長，到達一定規模之後，成長腳步便會漸漸的慢下來，甚至於不成長，或是只有微幅的成長。這時候，企業往往會把每年的**獲利，以現金的方式發放給股東。這等於是對股東說，如果要複利的**

話，請自己想辦法！

此時，現金股利再投資的做法就派上用場了。我們只要把收到的現金股利，再拿去買公司的股票就行了。因為我們的股票是從市場買進來的，所以對公司來說，股本並沒有變化。但以我們個人來說，持股數量增加了，這種效果和公司發股票股利給我們很相似，同樣可以達到複利效果。

如今已是民國一〇七年，表3-1列出一〇六年底三家企業的淨值成長資料，我們來看看表現如何。從八十五年底到一〇六年底這二十一年當中，鴻海的淨值總計成長了一五八八八％（幾乎是一百六十倍！），相當於每年複利成長二七・三三％；台積電的淨值成長了二八二二％，相當於每年複利成長一七・四三％；華碩淨值成長了二五八七％，相當於每年複利成長一六・九七％。以二十一年的時間來看，這樣的表現極為亮眼，但我們還是看得出來，三家公司的年複合成長率，都比民國八十五年底到九十五年底這十年的期間低很多，顯然，後面十一年的成長力道已經趨緩。

此外，這三家的股利政策，在此二十一年當中，也顯現一個趨勢：從早期完全配發股票股利，到中期漸漸搭配現金股息，然後現金股息所占的比重越來越多，股票股利的比重越來越少，到最後這幾年完全配現金，沒有股票股利。

我們還觀察到，這三家公司經過多年的高速成長，已經規模龐大，組織複雜，也進行若干購併活動，布局於相關或非相關產業。但基本上仍舊圍繞著核心事業。

這其實是很正常的現象，宛如企業從活潑青澀的青少年，逐漸邁入成熟穩重的中壯年，也許活力略減，但優秀依舊，且更懂得如何配置資源、運用資源。

當企業處於高成長期，每年成長三〇%、四〇%不是問題，公司所賺的錢當然就保留在公司，繼續擴大營運規模。而當企業成長漸漸趨緩，留那麼多現金在公司卻無法有效利用，反而造成經理人很大的壓力，不如發放給股東。這時，複利的工作，就回到投資人身上，因為我們必須把領到的現金股利，再拿去買股票，這樣才能保持複利的力道。這就是現在非常流行的股利再投資，很重要，我們後面接著就介紹。

用現金股利再投資，以獲得複利效果，這個做法在外國行之有年，已經是許多長期投資人的最愛。美國有上千家的上市公司提供DRIP（Dividend Re-Investment Program，股利再投資計畫），讓投資人不用透過券商，即可以自動享有股利再投資的服務，非常方便。當然，券商也有提供更好、更完整的股利再投資服務，讓投資人有很多選擇。

這種股利再投資計畫的服務，還意外的成為父母贈送給孩子的最好禮物。只要以少許的錢，幫孩子買進少量的績優股，並加入DRIP，以後不用再投入，兒女即能長期享受複利的果實。

在臺灣，目前有中信銀提供類似的股利再投資計畫，但適用的上市公司不多。我認為這是很好的服務，一方面可以鼓勵長期投資，另一方面也可以讓投資人享受長期的複利效果。

總之，如果我們所投資的公司賺了錢後，卻把盈餘以現金的方式發放給我們，這時切記，我們就要進行股利再投資，以得到複利效果。

就像鑿隧道，熬過黑暗，才見光明

不過，很遺憾的，即使我們找到了不賠錢的標的，雄心萬丈的進行複利投資，這仍然不是一件容易的事，大多數人都會半途而廢。因為這個計畫一開始，通常充滿了挫折感，讓人看不到成果。

股市有一個特性，就是高報酬通常伴隨著高風險，而低風險的投資，其報酬率通常不高。前面提過，要達到複利效果，我們必須尋找至少不會賠錢的投資標的。可想而知的是，這樣的標的不會有讓人興奮的年報酬率，能夠比定存利率高一些就很不錯了。而複利效果要產生令人驚豔的成績，沒有五年、十年，是看不出來的。因此，在投資的前幾年，從事複利投資的人，只會獲得不起眼的報酬，同時要眼睜睜的看著別人在多頭行情中獲取令人興奮的利潤。這時，複利投資人的心中就會開始疑惑：自己辛辛苦苦熬了兩、三年的報酬，竟然不如別人在幾個月的一波行情中所賺的多，真是何苦來哉！於是，希望轉為失望，紛紛放棄原有的策略。

這種情況，就好像在鑿隧道一樣，開始時非常辛苦，卻進展緩慢，而且越往裡頭鑽，越是黑暗，似乎看不見一絲光明。當然，如果堅持下去，總有一天會把隧道打通，重見光明，也會豁然開朗。不過，大多數人恐怕是熬不到那個時候。

紐西蘭的房地產專家柯林・庫瑪（Colin Kumar）就把這個現象稱為**穿隧效應**（Tunneling Effect）。這個專有名詞原本是量子物理學上的研究，拿來形容複利投資的心理感受，真是神來之筆。

小辭典

穿隧效應（Tunneling Effect）

這裡的穿隧效應並不是物理學上的專有名詞，而是指開鑿隧道的狀況：一開始進展緩慢，而且越挖越黑暗，所以除了實際作業的困難之外，還會產生嚴重的心理障礙，以致於意志不堅者就會半途而廢；但那些意志堅定、持之以恆的人，終究會把隧道鑿通，而獲得光明喜悅。

柯林・庫瑪（Colin Kumar）用這個效應，來形容投資人從事複利投資時所遭遇到的狀況，一開始效益不明顯，投資人越來越沒有信心，導致大多數人在中途放棄。但如果持之以恆，穿越這個障礙，就能享受到複利的甜美成果。

總之，複利投資實際上是個很枯燥的漫長過程，尤其是初始階段充滿了挫折感，讓人不容易持續下去。所以說，複利難，難於上青天！

碰到泡沫與崩盤時，如何應變？

談複利為什麼會扯到泡沫與崩盤？這和我前面的主張「不要把獲利目標放在短線價差上」，不是很矛盾嗎？請容我說，這是有理論根據的，也是經驗之談，是很重要的經驗。

我認為，股票的複利投資，和銀行定存比起來，最大的不同，就在於股市有泡沫與崩盤。一檔股票抱個幾年，很容易就會碰到一次大崩盤或大泡沫，有時候還會碰到兩次。在大崩盤和大泡沫之時，異常的股價變化，對我們的投資績效可能產生重大影響。因此，談股票的複利投資，我認為一定要思考泡沫與崩盤的問題和效果。

首先，如果股市是理性的，股價總是在一個合理的範圍內波動，那麼，我們的複利投資法的確可以不需考慮股價漲跌問題，只要專心於價值的複利成長上。但不可否認的是，泡沫和崩盤都是股市的極端表現，這時的市場充滿了貪婪或恐慌，讓投資人失去理智。泡沫時，投資人過於樂觀，股價也漲到非常不合理的高價；崩盤時，投資人過於悲觀，股價則跌到非常不合理的低價。

泡沫與崩盤要如何認定？如何產生？為什麼會產生？如果仔細探討這些問題，需要長篇大論，足以再寫成另一本書（事實上，已經有很好的專書在談論泡沫與崩盤，例如金德柏格〔Charles Kinderberger〕的知名著作《瘋狂、恐慌與崩盤》〔*Manias, Panics, and Crashes*〕）。在這裡，我們只要知道市場大多數時候是理性的，但偶爾，也許是每隔幾年，就會出現泡沫和崩盤，這樣就夠了。

泡沫的認定很簡單，即股市大幅上漲，股價脫離本質，本益比或股價淨值比（股價淨值比〔PBR〕＝股票價格÷每股淨值）高得離譜。至於崩盤則剛好相反，即股市大幅下跌，股價遠低於本質，本益比或股價淨值比低得離譜。

也許，我們用實例來說明就會很清楚了，尤其是小型股特別明顯。

下頁圖3-1是琉園二〇〇六到二〇〇八年的股價圖，可以看到短短三年之間就有泡沫和崩盤的現象，從二十元左右，漲到最高七十六・九元，又一路跌到十五元左右。

接著，我們來看琉園近幾年的基本財務數字和股價的關係。我們從第一百一十三頁表3-2中可以看到，琉園在二〇〇六和二〇〇七年的每股盈餘，都在二・一元上下，沒有太大的變化，但股價卻一路從十九・〇五元，飆升到七十六・九元，漲了三〇〇％！後來，發生了全球金融風暴，雖然琉園的盈餘仍為正數，股價卻一路殺到十四・四五元，比每股淨值十五・五六元還低。

假設我們已經用合理的價格買到股票，並長期持有，且用現金股利再投資。當我們在執行複利計畫中，碰到如此劇烈的股價波動，有沒有什麼要注意或調整的呢？

以琉園這個例子來說，假設我們已經在二〇〇五年以每股二十元買進

圖 3-1　琉園股價超過5年盈餘就該賣出

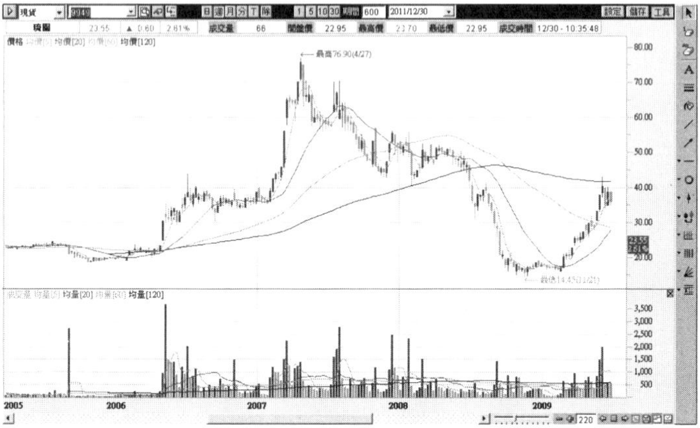

當股價暴漲，遠超過基本財務數字所能解釋的範圍，就要停止股利再投資計畫，因為這時所買進的股價超出本質太多，將嚴重侵蝕獲利。同時也可以考慮獲利了結。

琉園2006年和2007年的每股盈餘都在2元出頭，股價卻從二十多元先漲到35元到40元之間，然後出現第二波狂飆至76.9元以上。如果我們已經在2005年以每股20元買進，35元就可以考慮賣出了，因為每股獲利15元，遠超過這家公司5年的盈餘。雖然賣得有些早，沒有熬到70元以上，但我們已經很滿意了。持股一年，股票從20元漲到35元並獲利了結。

持有，從二〇〇六年起，股價一路漲到七十六‧九元，漲了將近三倍。這時，首先碰到的問題是，如果琉園配發給我們現金股利，那麼要不要再投資？

這個問題很容易，如果股價超過本質太多，就暫時停止股利再投資。因為過高的股價，會使得股利所能買到的股數大幅減少，從而侵蝕長期的複利效果。你可以先將這筆錢保留起來，等待有朝一日，股價再度跌回合理價位時再買進；也可以拿去購買投資組合中其他股價合理的股票。

至於股價漲超過多少時，就最好停止股利再投資？關於這個問題，並沒有一個

表 3-2　琉園每股市價、淨值、盈餘表

單位：新臺幣元

		2006年	2007年	2008年
每股股價	最高	43.80	76.90	55.80
	最低	9.05	35.50	14.45
每股淨值		3.62	17.80	15.56
每股盈餘		2.18	2.09	0.46

資料來源：公開資訊觀測站。
備註：所有資料均為追溯調整前。

放諸四海皆準的答案，只要股價脫離本質，就可以考慮暫停股利再投資的行動。以琉園為例，當時的EPS在二．一元左右，當股價漲到四十元以上時（此時琉園本益比超過二十），就可以考慮暫停股利再投資了。

短期漲幅超過五年的EPS，就獲利了結

另外，還有一個難以抉擇的問題：要不要在暴漲中獲利了結？

事實上，頻頻進出，是影響複利機制的主要因素之一。如果股價一有波動，就隨之起舞，忙著買進賣出，複利機制便很容易被中斷，得不償失。但從另一方面來看，股價在短期內漲了三倍，抵得上好幾年的成果，若不獲利了結，似乎太可惜了。

股價在缺乏基本面的因素下大漲，這個現象實際上是存在的，雖然不

常見，卻非絕無僅有。在我從事複利增值的有限過程中，就碰過好幾次。

也許我們可以依照**《黑天鵝效應》**（*The Black Swan*）作者納西姆・尼可拉斯・塔雷伯（Nassim Nicholas Taleb）的想法，把這些找不出基本面原因的大漲，視為一種「正向的黑天鵝事件」。對於「正向的黑天鵝事件」，我們的策略是，不論它們有沒有出現，我們都能有不錯的投資成果；但如果在投資當中，出現「正向黑天鵝事件」，我們就當作中樂透一樣，好好享受一番吧！

小辭典

《黑天鵝效應》（The Black Swan）

這是納西姆・尼可拉斯・塔雷伯震撼全球的著作。所謂黑天鵝，是指不可預測的罕見事件，看似極不可能發生，卻會突如其來的發生。它具有三大特性：一、不可預測性；二、衝擊力強大；以及三、一旦發生之後，我們會編造出某種解釋，使它看起來不像實際上那麼隨機，而且更易於預測。

舉例來說，股市崩盤就是一種黑天鵝事件。

◆

因此，當持股意外大漲，而且漲到遠遠超過**基本面**時，我們可以實現獲利。至於多大的漲幅才要考慮實現獲利，下一章將會有進一步的說明。基本上，**如果漲幅超過五年的EPS總和，我就會考慮出售了**。

舉例來說，某家上市公司每年的每股盈餘大約是四元左右，那麼，如果短線漲超過二十元以上，我才會考慮賣出，要不然就是繼續抱股，執行我的複利計畫。

小辭典

股價大漲，遠遠超過基本面

這是說股票價格的上漲，遠遠超過按照公司的資產或是獲利狀況等基本因素所評估出來的合理價位。舉個假設性的例子來說，有一家公司過去五年來，每股盈餘都在一．五元左右，每股淨值約為十六元，股價通常在二十到三十元之間。最近幾季盈餘快速成長，股價也猛烈飆升。原來是該公司的產品和虛擬貨幣有關，需求強勁，最近一季的每股盈餘高達十元，保守估計這一年的每股盈餘可以達三十元。市場用二十倍本益比估計，喊價目標價六百元，現在市價四百元以上，這是高估還是低估？

用基本面做快速而粗略的評估其實一點兒都不難，當然不可能百分之百正確，但也不會太離譜。這家公司的合理股價，在沒有虛擬貨幣因素下，按照過去紀錄，頂多值三十元。現在的問題是虛擬貨幣所帶來的業務，值多少呢？我們不知道虛擬貨幣熱潮到底會發燒到什麼時候，但應該不會永遠。那麼我們就大約估計還會有三年榮景好了，並假設這三年當中，每年的每股盈餘都高達三十元，而第三年之後，這項業務就煙消雲散，回歸原本狀態。於是，我們可以簡單算，這三年每一股賺了九十元（30×3＝90）。而公司平常值三十元，兩相加後為一百二十元（90＋30＝120），算是一個粗略估計股價的方式。

這時，市價四百元就是遠超過基本面。當然，我們的估算不一定準確，但你可以把各項因素略為調整，譬如狂熱期間每年每股盈餘可以高達四十元，或是這個狂熱可以持續五年，那麼，這段期間公司多賺了兩百元（40×5＝200），加上原本合理價三十元，就是兩百三十元。這應該是極限了。

從另一個方向評估也可以。假設狂熱期間每股一年可賺四十元，四百元就相當於虛擬貨幣大約要狂熱十年，到二〇二八年，公司才算值這個價錢。問題是，你認為可能嗎？

這種遠超過基本面的狂漲，很少發生，卻絕非不可能。如果你很幸運，手上老早就握有這種飆股，當然可以毫不猶豫在合理價之上分批賣出。

我們不求賣到最高點，因為黑天鵝事件是無法預測的，沒有人知道會漲到哪裡。另一方面，我們也不用害怕錯失良機而急著賣股，因為沒賣掉的話，還是可以繼續執行我們的複利計畫。因此，不論有沒有賣掉，我們的投資基本上都是獲利的，根本不用那麼緊張。關於這點，下一章也會有進一步的說明。在這裡，我想說的是一個經驗：也許正因為我們不急著賣股，也不求賣在最高點，反而往往能賣到不錯的價位，甚至於賣到最高點。當然，你也可以採機械式的分批出貨。總之，找個適合你自己的方式就行了。

獲利率最高的是被我忘掉的那一檔

前面那一節，談到了泡沫、崩盤對複利計畫的影響，但我實在很害怕，以這個主題作為複利計畫的結尾，恐怕會引起讀者的誤解，以為持股長抱的目的，就是在等「正向的黑天鵝事件」，等大多頭來時再好好實現獲利。

其實，長期來看，投資的最關鍵因素還是複利。如果我們買進來某檔股票後，不到兩年就碰到一波大漲，歡天喜地的賣出股票實現獲利，這當然是很好的結果。不過，假如把時間拉得更長來看，那未必就是最好的結果。

我自己的經驗是，有些股票在長期過程中，從未出現異常的大漲，股價只是隨著基本面溫和上漲，頂多有些小波動而已。這樣的股票沉悶、枯燥、乏味，卻讓人容易長期抱牢，除了股利再投資之外，完全不用去動它。一晃眼，十幾年就過去了，累積的複利效果相當可觀。美國有一位老太太就是這樣長抱亞培藥廠（Abbott）的股票數十年，得到了驚人的效果，後面將會有深入的介紹。

這裡要說的是，整個複利過程非常枯燥乏味，許多投資人無法忍受，便會半途而廢。

我曾經看過一篇文章說，複利的枯燥乏味，是所有想要致富者的魔咒。頭幾年，績效曲線就像蝸牛在地上爬似的，年復一年，甚至連續好幾年都看不到明顯的進展。這當中，你還要長期忍受旁人的嘲笑與誤解。大多數人就乾脆放棄了。但是，少數堅持下去的人，在大家都忘了這回事之後，才發現自己其實已經獲利頗豐。

在此，容我說個小故事。有一次，我去參加一場讀書會，一群貴婦不知怎麼的就談起股票來了。突然有人問我，在我的投資裡，最賺錢的是哪一檔股票？是怎麼「操作」的？我老實回答：「獲利率最高的股票，是被我忘掉了的那一檔。」我是真的忘了那檔股票有十多年之久，一直到這檔股票從冷門突然轉為熱門、成為市場焦點之一。這檔股票，就是佳格。

第4章

不賠錢的投資

◆

只要標的物不倒閉，而且每年有收益，我們就可以建立一個不賠錢的投資。由於不會賠錢，所以當市場空頭時，我們不會跟著恐慌。而市場多頭出現時，我們將有機會得到更高的報酬率。

◆

《黑天鵝效應》的作者塔雷伯把建議分成兩種：陽性和陰性。陽性建議就是告訴你要如何如何的積極建議，例如，「如何在九招之內遠離病痛」、「如何在股市賺到一千萬元」，或是「這樣做就可以贏得美人心」等。陰性建議則相反，就是告訴你不要如何如何的消極建議，例如，「不要暴飲暴食」、「不要過度舉債」，或是「不要花天酒地」等。塔雷伯認為，陽性建議很容易得到人們的重視，但往往淪為江湖郎中的慣用伎倆；陰性建議通常不被人們所重視，卻是智慧的結晶。

陰性建議不中聽，就像良藥苦口

有人問巴菲特投資有什麼訣竅，他答道：「投資的第一個原則就是不要賠錢，第二個原則就是永遠不要忘記第一個原則。」這個回答漂亮吧！

連續兩個原則都是陰性建議，而且環環相扣。但這樣的智慧，大多數人看了恐怕會感到丈二金剛摸不著腦袋。

如果我們從事的是零和遊戲的短線交易，損益就看股價的漲跌，那麼我們將很難理解如何才能不賠錢。股市總是漲漲跌跌，沒人說得準，有誰能夠買進股票之後只漲不跌的，巴菲特莫非是在打誑語，或是故弄玄虛？

不過，如果我們從正和遊戲的角度來看巴菲特的話，就可以理解了，而且可以把這句話當成一個非常重要的原則。道理很簡單，在正和遊戲裡，報酬會不斷的累積，假以時日，總有「回本」的一天，只要你的投資標的不要在中途倒閉或淪為虧損企業就行了。接下來，我們將逐步探討不賠錢的實務。

最簡單的不賠錢投資：公債

看到「公債」兩個字，很多讀者可能開始要打退堂鼓了，因為這是很沉悶的東西，而且一般投資人也很少接觸。談這要做什麼？請耐心看下去。

股票當然比公債來得複雜許多，但請別因此就對公債投資嗤之以鼻。公債的固定收益模式，對股票投資法具有很大的啟示。事實上，**價值投資**的創始人**班傑明．葛拉漢**，原先就是從事固定收益方面的業務，而其整個價值投資體系，也是發源於這個簡單的概念。

我們先簡單介紹公債的性質。公債是政府發行的債券，用來募集民間資金，以充實國庫，或從事公共建設等。一個國家如果有良好的規範和紀律，發行公債可以適度增進國內建設。至於購買公債的投資人，則享有債息收入。最重要的是，公債是最穩當的標的，通常不會倒（當然，深陷金融風暴的國家除外）。

小辭典

價值投資

價值投資法是班傑明・葛拉漢所提出的，以一套可觀的方法，根據財務數字計算出企業或是股票的「真實價值」（intrinsic value），當市價低於價值時買進，而當市價回到價值或是超過價值時便賣出。價值投資法的首要條件就是市價低於價值，葛拉漢即用「安全邊際」（margin of safety）來表示。

公債上有面額和到期日，譬如說面額十萬元，到期日二〇一五年七月一日，表示在二〇一五年七月一日，投資人可以拿回十萬元的本金。另外，公債上面還記載著票面利率，並附上息票。例如，年利率二%，一年付息一次，即每年可以收到兩千元的利息，並把這個金額印成一張張的息票，附在債券上，每年憑息票領息。

小辭典

班傑明・葛拉漢（Benjamin Graham）

班傑明・葛拉漢（一八九四年五月八日—一九七六年九月二十一日）為出生於英國的美國經濟學家和專業投資人。一般認為價值投資法由他所創立，人稱「價值投資之父」。一九二八年起，葛拉漢在哥倫比亞大學商學院任教，許多重量級的價值投資人（如巴菲特、坦伯頓〔J. Templeton〕等）都曾經是他的學生。葛拉漢著有《證券分析》（*Securities Analysis*）與《智慧型股票投資人》（*The Intelligent Investor*）等經典之作，影響相當深遠。

葛拉漢早年即從事價值投資事業，成果斐然，名震華爾街。一九六〇年，他解散經營了二十年的葛拉漢・紐曼公司後退休，去世時留下三百萬美元以上遺產。目前在華爾街從事價值投資法的經理人，多半是葛拉漢的徒子徒孫。

賣不賣都不賠錢，決策是快樂的

我們以面額十萬元、年利率二%的十年期公債來說，投資人在期初以十萬元購入，每年領到兩千元的利息，十年後把本金十萬元領回。

在這個例子裡，我們用最簡單的概念去看，不必用複雜的折現公式也可以知道，投資人期初投入十萬元，十年後一共拿回十二萬元。不考慮通貨膨脹等複雜的因素，單純從金額來看，這是個「不賠錢」的投資，就這麼簡單。

如果投資人不想持有十年那麼久，會有什麼問題呢？公債本身也有交易市場，以櫃檯買賣的方式報價和撮合。也就是說，公債有個市價，會隨著利率等複雜因素而波動。假設投資人於債券發行時，以面額十萬元購入，半年後因市場利率下跌，造成該公債的市價上揚，例如漲到十萬五千元。如果投資人在此時出售，則獲利五千元。

這時，我們來看一下，這張公債從持有至到期，抱了十年，也不過賺了兩萬元，如果現在賣掉，不過半年的時間，就能獲利五千元，實在很不錯。投資人要不要賣，雖然很難有個客觀標準，但他的決策是快樂的，沒有什麼煎熬，因為賣或不賣，他都「不賠錢」。

進可攻退可守，再安全不過的投資

如果狀況反過來，半年後公債的市價跌到九萬七千元，此時出售，必然損失三千元。但是投資人知道，公債價格波動是一時的，而且持有至到期，一定不會賠，還有總計兩萬元的利息收入，因此會繼續持有，不會隨便恐慌殺出。

在這個決策上，投資人也沒什麼痛苦掙扎。因為他知道，反正抱個十年，最後一定還是「不賠錢」。市價下跌，沒什麼好害怕的，當然更不用恐慌。

這就是最簡單的「不賠錢投資法」了。我們後面會把這個概念，延伸到複雜的股票投資上，從不賠錢的角度談選股、買進價格、是否該獲利了結，和通貨膨脹等問題。

精明的讀者可能會認為，在上面的例子中，半年後市價跌到九萬七千元，表示我們當時的買進價不是最低點。如果我們半年前不要急著買，先放半年的定存，然後再以市價九萬七千元買進公債，獲利將會更好。這個想法沒有錯，但問題是，我們無法在事前百分之百的預測到這個市價。而且，嘗試去預測利率走勢，又等於回到了零和遊戲的策略，勝算不大。一般的投資人很難在賭利率走勢的遊戲上獲勝，我們不想以這個遊戲來作為獲利的主軸。

在結束這節內容之前，我們做個簡單的整理：

第一，你可以看到，只要標的物不倒閉，而且每年有收益，我們就可以建立一個不賠錢的投資。

第二，由於不會賠錢，所以當市場空頭時，我們不會跟著恐慌。

第三，當市價上漲時，不論基本因素為何，表示市場熱衷於我們手上的標的，而此時，我們是潛在的賣方。也就是說，儘管原始投資只有每年二%的報酬率，但當市場多頭出現時，我們將有機會得到更高的報酬率。

債券型股票重在何時回本

債券型股票類似於大家所熟知的「定存股」，每年有固定的配息。不過，我們這裡所說的債券型股票範圍則更廣一些，**只要公司每年的獲利很穩定，就算是債券型股票了**，而不去計較公司是否每年都把獲利以配息或配股的方式發給股東。這麼做是因為配股配息會牽涉到公司的股利政策，而我們所重視的是公司是否「賺錢」。再說，獲利穩定的公司，多半也會有穩定的股利政策。因此，我們直接看公司每年的獲利狀況，並不會造成嚴重的差異，同時，也不會漏掉少數獲利穩定、卻沒有穩定配息的公司。

接下來的說明會用到一些數字，但不難，請耐心看下去。

我們來看最簡單的例子。假設有兩家公司，股本沒有變動，最近五年的每股盈餘分別是A公司為二・〇、二・一、二・〇、一・九、二・〇；B公司為三・〇、五・五、〇・五、負二・〇、三・〇。這兩家公司最近五年的每股盈餘合計都是十元，但A公司顯然穩定多了，每年的差異不超過一毛；B公司則有很大的變化，甚至還有出現虧損的年度。很顯然，A公司即是我們所說的債券型股票，B公司則不是。

先不考慮這兩家公司目前的股價，你比較有興趣的是哪家公司？大多數人會認為A公司過於沉悶，沒有成長性，而B公司比較具有爆發力，因此比較喜歡操作B公司。而且，如果在B公司虧損二・〇元的那年買進，隔年每股盈餘就跳升為三・〇元，顯然可以有豐厚的報酬。

但問題就出在這裡，B公司的獲利不穩定，可能的因素相當複雜，也許是總體經濟的大環境因素、產業因素，或是個別公司的因素，當然也有可能我們找不到任何合理的解釋。雖然在大幅的獲利波動中，有很大的獲利機會，但也有可能出現大賠的情形，至於未來會怎樣，我們不得而知。

巴菲特：跨越高難度障礙並不會為投資加分

A公司就簡單多了，除非有重大意外，否則每年就是賺兩元，八九不離十。為什麼A公司每年獲利如此穩定，我們很容易找到實質的因素，它通常是一種壟斷力很強的企業，沒有激烈的競爭，同時這種產業也不太受到景氣的影響。我們在前一章中已經介紹過競爭優勢的概念，在此，假設我們很容易就找出實質的競爭力理由，足以相信A公司將在未來一段很長的期間，維持穩定的獲利。

用A公司來建立一個不賠錢的投資，是很容易的事。假如我們以每股二十元買入，然後持有十年，由於A公司每年賺兩元，不管它在這十年當中如何配股配息，也不管持有十年之後A公司的股價如何，我們都有很大的把握不會賠錢。為什麼？因為以每股計算，A公司在十年中一共賺了二十元，我們已經「回本」了，就這麼簡單。同理，如果我們的買進價是三十元，則要十五年回本。買價越高，回本所需的時間越長，反之則越短。但不論時間長短，我們的確建立了一個不賠錢的投資。

各位讀者看到十年、十五年，可能馬上認為這種投資有什麼價值可言？要擺十年、十五年，難道瘋了不成？其實不然，我們只是做最壞狀況的分析，假設十年、十五年之後，這檔股票的市價為零或是賣不出去。但是，實際的情形可能是股價一直維持在二十元到三十元之間，而我們每年會收到兩元的股利。這樣的投資比起定存來說，應該好得太多了吧？

如果我們拿B公司來建立不賠錢的投資，顯然問題就複雜多了，讓人沒那麼有把握。不論我們的買進價是多少，我們都不知道何時可以「還本」，除非我們對B公司真的很內行，有很深入的了解。但巴菲特說得好，在投資的路上，我們只選擇容易的障礙去跨越，跨越難度高的障礙並不會加分。

股市泡沫破滅時，放膽接

前面提過，股市在短線交易中接近零和遊戲，而零和遊戲加上馬太效應，會使得大多數的人賠錢，只有少數人獲利。這絕大多數人所賠掉的錢，除了進了短線交易高手的口袋之外，我認為，很可能就是長期投資者的意外之財。此話怎講？股市每隔幾年就會出現泡沫，個股有時也會來個瘋狗浪，成為投資人追逐的焦點，這正是長期投資人享受意外之財的大好機會。

股市並非永遠都是理性的，投資人有時會過度悲觀，有時則過度樂觀。當然，股市大多數時候是理性的。但偶爾過度悲觀時，股價低迷、哀鴻遍野；過度樂觀時，則雞犬升天、百花齊放。這樣的特性，最適合債券型股票投資人了。當市場過度悲觀時，債券型股票因為不會賠錢，所以我們不會恐慌殺出，反正最差就是持有個幾年回本。偶爾，我們還可以趁機撿便宜，再度加碼買進，即使買進之後市價繼續下跌，我們也不在乎。事實上，在這種恐慌時候，也只有我們這種投資人敢勇於承接，一點都不會害怕手軟。

如果我們沒那個膽識在恐慌中承接也沒關係，大多數時候，債券型股票都不是熱門股，不會有價格高估的情形，反而因為一般投資人不感興趣，而有些許的低估。反正債券型股票只要不追高，多半不會買到過高的價格。

不用逼自己一定要賣在最高點，享受將軍抽車的樂趣

但是買進之後，在長期持有的過程當中，有時我們很幸運，會遇到股市大多頭或一波瘋狗浪，讓我們的持股異常飆漲，價差五〇%，甚至一、二倍都不奇怪。以前面的A公司為例，每年的每股盈餘是兩元，假設我們的成本是二十元，如果突然漲到三十元，價差十元就相當於五年的公司獲利。如果漲到四十元，價差就有二十元，等於我們持有十年的報酬。這時候獲利了結，當然痛快了。

那麼，我們怎麼知道一波多頭來時，是漲到三十元、四十元，還是五十元以上呢？老實說，我們事前永遠不知道，只有事後才會明瞭。重

點是，你可以賣，也可以不賣，因為頂多錯過這波，再多抱幾年股票就是了。你不必有太大的壓力逼自己一定要賣在最高點，那是神的事，你只要在覺得滿意時，賣出部分持股或全部持股就行了。就像下棋時的將軍抽車，吃到將軍或吃到車都是好事，就別那麼計較了。

這樣的操作策略雖然不完美，卻是一種享受，享受市場不時送來的禮物。《黑天鵝效應》的作者塔雷伯稱這是「正向的黑天鵝效應」；恐慌暴跌時，你知道自己不會受傷，但暴漲時卻有機會享受豐碩的報酬。告訴你，其豐碩的程度往往超乎想像，因為這是黑天鵝事件。

對抗通膨靠淨值報酬率，但需耐心等買價

接下來，我們要談通貨膨脹的問題，這個問題很棘手、很複雜，且眾

說紛紜，卻實際存在，並對投資造成莫大的殺傷力。物價每年不斷上漲，錢越來越薄，我們的「不賠錢投資」如果只是**名目金額**上的增加，趕不上通貨膨脹，到頭來還是枉然，還不如把錢當期消費掉來得有意義。因此，我們一定要慎重考慮我們的投資是否有一個因素或力量，足以對抗通膨。

有關通貨膨脹的原因，各家說法皆有，無法一一說明，但有一個說法最為簡單明瞭。美國前聯邦準備理事會主席艾倫・葛林斯潘（Alan Greenspan）曾經在他的回憶錄《我們的新世界》（*The Age of Turbulence*）中表示，在金本位制度下，沒有通貨膨脹的問題，但自從人類進入「法償貨幣」之後，通貨膨脹就如影隨形、揮之不去了。

用日常的說法就是，如果我們像古人一樣，用黃金當作貨幣基礎，那麼通膨就不是問題。但如果我們的貨幣來自政府所印製的紙鈔，那麼通膨絕對是避免不了的。因為政府總是喜歡用印鈔票來解決大大小小的事。後果就是我們手上的鈔票會越來越沒有價值。

傳統上，對抗通貨膨脹的工具是黃金和房地產，而放定存則被認為是通膨的受害者。那麼股票和債券呢？華頓商學院教授洛米・賽格爾（Jeremy Siegel）在其經典之作《散戶投資正典》（*Stocks for the Long Run*）中，以美國兩百年的股市資料證明，長期而言，股票投資的報酬，扣除通貨膨脹之後，有六・八％的年報酬率，而債券只有一・七％左右的實質報酬率。也就是說，長期投資股票，可以有效對抗通貨膨脹，而且效果比債券好很多。而債券的長期投資，扣除通貨膨脹的影響之後，其報酬率微不足道。

那麼，我們的「不賠錢投資法」選擇債券型股票，風險較低，報酬率是否也和債券一樣，只能辛苦的抵抗通貨膨脹，實質上卻乏善可陳呢？這是非常關鍵的問題，**我們必須很清楚了解，我們的投資是基於什麼力量或是什麼機制，可以有效的對抗通貨膨脹，同時還有不錯的報酬。**

小辭典

名目、實質與通貨膨脹

一般在討論通貨膨脹相關問題時，經常會看到名目和實質這兩個專有名詞，例如名目所得、實質所得或是名目利率、實質利率等。名目是指原始的數字或金額，而實質則是指經過通貨膨脹調整後的數字或金額。

舉個例子做說明就很容易了解。假設你去年的所得五十萬元，物價指數也以這年為基準，設為一百。今年你的所得五十五萬元，名目上比去年多了五萬元，但實質上是否真的有增加呢？這要看今年物價上漲的狀況來評估。如果今年物價上漲了一〇％，物價指數為一百一十，那麼你今年的實質所得還是五十萬元（550,000÷110×100＝500,000），沒有增加。

企業對物價上漲的反應，展現壟斷力

關於這一點問題，我試著從企業經營的微觀角度切入，以期得到具體的概念。

每當物價波動時，例如油電雙漲、瓦斯漲價，或是糖、麵粉等原物料上漲時，新聞媒體就會去採訪小吃攤或小店家，問他們會不會同步漲價；同時也會到大賣場去察訪，看看是否有商品普遍漲價的情形。

通常我們看到的狀況是，小吃攤老闆表示，原料上漲的部分，他們會自行吸收，以回饋消費者，並以薄利多銷的方式繼續經營。而大賣場的回答更有趣，他們通常會為消費者看緊荷包，把價格壓下來，不讓供應商輕易調漲價格，或是只允許供應商微幅調價，絕對不允許他們把漲價完全轉嫁給消費者。

企業不論大小，調整商品或服務的售價都是關鍵決策，而且是很難的決策。成本上升了，如果產品不漲價，勢必會犧牲獲利；但如果貿然漲價，嚇跑了消費者，則會嚴重影響業績。

此時，前幾章所提到的壟斷力或競爭優勢的概念就很重要了。通常，完全不具壟斷力的廠商，像是一般的小攤販，總是居於劣勢，不敢輕舉妄動，只能默默的自認倒楣、吸收成本。他們只有在大家都漲價之後，再低調的跟進。而具有一定程度壟斷力的廠商，例如大賣場，則可以強勢的要上游吸收成本，或是直接漲價，轉嫁給消費者。

總之，具有壟斷力的廠商比較容易把物價上漲的壓力，移轉給上游供應商或是下游的消費者；而完全沒有壟斷力的廠商就只能當價格的接受者，默默吸收成本。反過來說，我們也可以**從一家公司對於物價上漲的反應方式，來判斷它的壟斷力。**

當然，廠商的反應無奇不有，不只是漲價與否的選擇而已，有的會調整產品組合、推出新服務，或是更換供應商、開發新市場等，其手法之細賦與多元，讓人嘆為觀止，並對企業經理人感到由衷的佩服。我個人就很喜歡做這方面的觀察，不論是私下察訪或是閱讀報導，真的受益良多。有興趣的話，建議你也要多觀察。

耐心等待低價出手，才有肉吃

但是，除了觀察廠商的漲價行為之外，我們還需要客觀數字來研判。我們要**看看公司的獲利能力是否受到通貨膨脹的影響**，因為這才是關鍵。最**簡單的方式，就是去看淨值報酬率**。

我們知道，淨值報酬率表示一家公司的經營，讓股東所出的資金，能得到多少的報酬。假如我們所投資的公司去年度的淨值報酬率為一〇％，這表示股東所出的錢，每一百元一年可以賺十元。如果去年度的通貨膨脹率是五％，那麼我們就會知道，把錢放在公司讓經理人去經營很好，並沒有被物價上漲給稀釋了。如果我們的淨值報酬率為五％，也算是差強人意。但是，如果淨值報酬率只有三％，在通貨膨脹率為五％之下，我們的錢就變薄了。

我們可以用這個觀念，去檢視這家公司連續幾年來，譬如說五年的淨值報酬率，和這五年的通貨膨脹率做比較，如果都穩穩的高於通貨膨脹率，那我們至少安心了一大半；如果都在邊緣掙扎，或是根本就不如通貨膨脹率，那麼，要靠這家公司的獲利來抵抗通貨膨脹就很困難了。

所以，我們的投資要對抗通貨膨脹，第一個簡單條件，就是看淨值報酬率與通貨膨脹率的比較結果。淨值報酬率顯然優於通貨膨脹率的公司，我們可以初步認為，它具有抵抗通貨膨脹的能力。對於能力不足的公司，我們當然要把它剔除。

不過，這還不能保證我們買這家公司的股票就能對抗通貨膨脹，還要看我們的買進價格。舉例來說，淨值報酬率為一〇%的公司，雖然有能力對抗五%的通貨膨脹，但如果這家公司的每股淨值是十五元，而我們用五十元去買，那就不好了。因為每股淨值十五元，淨值報酬率為一〇%，可以算出每股純益是一・五元，而我們一股用五十元去買，對我們來說，報酬率是三%（1.5÷50＝3%），比通貨膨脹率的五%還低（當然，你也可以用每股純益直接去除以股價，同樣會得到三%）。

也就是說，即使一家公司有很不錯的淨值報酬率，足以抵抗通貨膨脹，但如果我們買的價格太高，也會壞了大事。但很遺憾的是，淨值報酬率高的公司，股價（相對於每股淨值）通常也很高。也就是說，市場可不會那麼容易就讓我們買到理想的股票。因此，我們必須如前面章節所說的，要耐心等待，等股價低到一個程度時再買進。以前面那個簡單的例子來說，股價不可以高於三十元，因為每股純益一・五元，除以我們買價三十元，等於五%，即通貨膨脹率。

從此，你會愛上股市下跌

談到這裡，不妨把前面章節說過的概念再提一次。什麼情形會讓我們買到便宜的好股票呢？答案是退流行、股市下跌、公司出現短期問題，或是冷門股等。而用高價去追熱門股，除非這家公司的成長力驚人，否則要長期持有以對抗通貨膨脹是很困難的。

談了這麼多，該做個簡短的結論了。具有長期壟斷力的公司，通常有能力對抗通貨膨脹，這可以從歷年的淨值報酬率高於通貨膨脹率觀察得到。對於這樣的公司，我們還不能追高，必須等到股價低到一個程度時才能買進，因此耐心是很重要的。

對抗通貨膨脹會不會很困難呢？以我個人有限的操作經驗來看，其實沒那麼困難，即使犯點小錯也不會影響大局，最重要的還是那句老話：耐心加恆心。

操作方式

我們把整個操作方式整理如下：

一、尋找具有長期競爭優勢的公司。

二、耐心等待空頭，等待價格跌到我們所能接受的範圍內。

三、買進股票長期持有，中途如有發放股利，則全數再投資。

四、持有期間如有暴跌，可考慮加碼；如有暴漲，可考慮出售，但若錯失機會亦無妨。

接著，我們來看中華電（股票代號：2412）這個具體的例子。

（一）中華電每年的EPS皆穩定

我們從第一百五十一頁表4-1可以看到，在二〇〇一到二〇一〇年這十年當中，中華電的EPS幾乎都在四・五元以上，最差也有三・八六元，就算在金融海嘯期間也沒有受到影響，算得上是典型的定存股了，長期競爭

圖4-1　中華電要等90元以下入手，才能立於不敗。

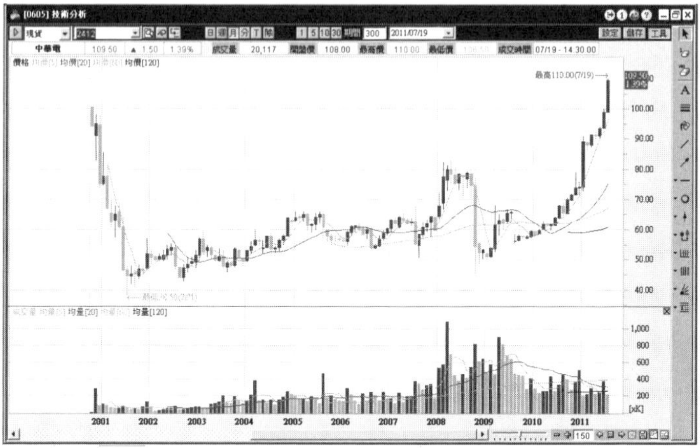

中華電信自上市以來，每年的每股盈餘幾乎都穩定維持在4、5元左右，股利也都在4、5元水準。現在的投資人應該很難想像，在2011年之前，有8、9年的時間，股價大部分位於60元以下。以60元買進的投資報酬率，當然比100元以上買進的好很多。即使是好股票，也要耐心等待便宜的價位。

這些年來，中華電的股價幾乎都在100元以上，偶爾跌到九十多元，以現在的利率來評估還不算太貴，如果有意投資，而且不是急著買，建議還是等大盤很不好或是外資連續大賣，再度跌到100元甚至90元以下時，股價越低入手越好。

優勢無庸置疑。

（二）耐心等待股價進入合理價位

我在寫這段內容時（二〇一一年七月），中華電的股價是一百一十元，每股淨值四十八・五二元，EPS估計約五元左右。這樣算下來，本益比為二十二倍。也就是說，投資人如果以一百一十元買進之後長抱，不管股市變化，大約需要二十二年才能回本，每年的報酬率為四・五五%。

四・五五%當然比目前的定存利率好，不過，我們買的畢竟是股票而不是公債，考慮中華電未來可能面臨的風險，四・五五%的報酬率似乎只是「還可以」而已，並不是「很有肉」。如果再考慮通貨膨脹因素，結論就很明顯了。這時，我們也許

表4-1　中華電十年的EPS表現

年度	2001	2002	2003	2004	2005	2006	2007	2008	2009	2010
EPS（元）	3.86	4.48	5.03	5.17	4.94	4.63	4.56	4.64	4.51	4.91

會選擇耐心等候，也許等到它跌回至五、六十元左右吧！其實中華電在以往的年度，大都維持在六十元上下，本益比約在十二倍左右。

我們從一百五十頁圖4-1中可以看到，有好幾年的時間，中華電的股價都在六十元左右盤整。

我們當然無法知道中華電未來的走勢，更無法知道它將來會不會回到五、六十元的水準，但為了說明起見，假設我們在二〇〇五年底，以每股六十元買進一千股，成本即為六萬元。

（三）長期持有，股利再投資

從二〇〇六年起，我們會收到中華電配發的股利股息。為簡化起見，我們不考慮稅額和交易成本等因素，現金股利再投資買零股，假設價位都在六十元。再以二〇一〇年底的收盤價七十四・一元，來計算報酬率。

由下頁表4-2得知，我們在二〇一〇年底有一千七百零一股，以當時的市價七十四・一元計算，市價為十二萬六千零四十四元。

我們在二〇〇五年底的成本是六萬元，五年增值了一倍以上，約為年複利報酬率一六％，已經達到了大師級的水準了。請注意，我們中間除了股利再投資之外，沒有任何操作。

（四）持股期間的股價波動

在二〇〇八到二〇一〇年之間，中華電曾經漲到八十元，再急跌至

表4-2　投資中華電5年，增值一倍，年複利報酬率16%，投資績效已達大師級水準。

年度	年初股數	股票股利	無償配股數	現金股利	股利所新購的股數	期末股數
	（A）	（元）	（B）	（元）	（C）	（D=A+B+C）
2006	1,000	0.20	20	4.30	72	1,092
2007	1,092	1.00	109	3.58	65	1,266
2008	1,266	0.10	13	4.26	90	1,369
2009	1,369	1.00	137	3.83	87	1,593
2010	1,593	0.00	0	4.06	108	1,701

五十元左右，也許有讀者會認為可以「操作獲利」，但我個人認為，我們一般人多半會錯失這個機會。不過，幸好錯失機會也還能有不錯的績效。

另外，可能有讀者會問，在中華電股價跌到五十元時，我們的投資不是就慘了嗎？其實不會，因為我們知道中華電一股每年可以穩定賺五元，為什麼要在這麼低的價格出售呢？我們不但不會恐慌殺出，反而會站在買進的一方，順便提高報酬率。從此，你會愛上股市下跌，雖然我們不是空頭部隊。

複利再加上「瘋狗浪」，神乎其技

換句話說，自從我們在二〇〇五年底買進之後，不管中華電的股價漲也好、跌也好，我們都位於有利的一方。很神奇吧！

真正的一波瘋狗浪是在中華電減資之後，一路飆到我寫這段文章時的一百一十元。中華電的減資案是每股退還股款兩元，每一千股換發八百股。以我們的例子來算，收到退還股金為三千四百零二元（1701×2＝3402），股數減為一千三百六十股，以每股一百一十元計算，市值為十五萬三千零二元，為二〇〇五年底市值的二・五五倍，持股期間約為五・五年，當年的複利報酬率約為一八・五五%，可以說是神乎其技了。

現在，你知道複利之後再加上「瘋狗浪」的威力了吧！

但這個投資法，除了享受瘋狗浪的快感之外，最重要的還是透過複利機制，產生長期的增值效果。我們都知道複利的力量，在指數型的成長之下，一粒米可以變成好幾座穀倉都塞不下的巨大財富。然而，一般人的投資很難有複利效果，為什麼我們只是用股息再投資就可以做到呢？

當然，長期持有是個重要因素。如果你三天兩頭就買進賣出、短線交易，當然很難產生複利效果。可是請注意，並不是只要長期投資，就一定會產生複利。如果我們的投資是賺一年賠一年，或每隔一陣子就出現大幅虧損，那麼複利就會消失了。

誠如第三章所說的，**關鍵在於標的公司每年都要獲利**！只要公司不斷的賺錢，淨值就會不斷的累積，我們持股的價值也會跟著不斷水漲船高，絕對不會縮水。雖然股價會隨著市場的氣氛而有高低起伏，但總是跟著價值亦步亦趨。只要價值不斷增長，還怕股價不反映嗎？

中華電就是最好的例子，由於該公司每年都賺錢，我們很容易就透過股息再投資，建立一個複利機制。請記住，這是關鍵。

現在，你應該知道「不賠錢」這句話的深層意義了吧！

該跑來跑去的是經理人，怎會是你長期投資人

我們這種持股方式，動輒五年、十年，在這麼長的期間當中，很多事

物都會改變。股市可能狂漲，也可能暴跌，有時會經歷全球性的金融風暴，還有通貨膨脹和不景氣等問題。公司方面也會遇到原物料價格上漲、客戶流失、產業競爭、新產品淘汰舊產品，和人員流失等問題，真的不勝枚舉。

對於這些問題，我們要如何看待？該怎麼因應？

首先，我們來看一個極端的處理方式：隨時保持警覺，一有風吹草動就跟著買進賣出。可想而知，這樣的因應方式，很容易在一年之內有多次的進出：一下子央行升息；一下子公司營收成長；沒多久媒體說原料上漲，影響公司成本；接著又聽說公司接獲訂單等等。我們知道，短線交易幾乎就是零和遊戲，也就是說，除非我們的消息比別人靈通，否則我們將是輸家。而前面所說那些事件的相關資訊，我們一般人幾乎都是看電視或報紙才得知。因此，這樣交易的結果是賺是賠，已經很清楚了。

如果我們要長期持有股票，勢必得對這些事件採取幾乎「無動於衷」

的策略。也就是說，我們身為投資人，就不要那麼辛苦的跑來跑去，而是放手讓公司的經理人去處理這些問題。舉例來說，當原料價格上漲，身為投資人的我們不要緊張的賣出持股來「因應」，而是持股抱牢，讓企業經理人去解決。也許他們會節省其他費用、調漲成品售價，或是提高生產效率來因應。他們是專家，就讓他們去處理。

當然，有些公司處理問題的能力比較強，獲利能力不太會受到這些外在因素的影響；但有些公司就比較弱，一有風吹草動，其獲利就跟著上下起伏。因此，長期投資人所選的股票，一定是對外在因素有相當抵抗能力的股票，這點正好和我們選擇「定存股」的特性不謀而合。

當然，世界上沒有一家公司可以完全不受外在因素的影響、每年都有固定的獲利，所以我們允許獲利每年有些許的波動，但必須堅持一個底限，那就是不能虧損。因為只要公司年年獲利，我們的投資總有回本的一天，只是回收年限長短的問題。但如果公司經營虧損，我們的投資就可能有永無回本的一天。換句話說，我們若無法建立一個「不賠錢」的投資機制，我們的投資原則就被破壞了。

對虧損保持警覺，寧願沒賺到，也不要損失慘重

現在問題來了，如果一家公司歷年都賺錢，今年突然賠錢，股價應聲下挫，我們該如何因應？這是極為關鍵的問題。幸好有聰明的人已經思考過這個問題，也有非常明確的做法值得我們學習。

例如，巴菲特把公司的虧損分為單一事件型和常態型兩種。單一事件型通常是意外事故，一下子讓公司產生巨額損失，但事件過去之後，就回復正常，獲利也將隨之回升。譬如說，停電造成生產線停機，並產生大量的廢料；颱風造成庫存全毀；某批產品因意外，而發生巨額賠償等。這

時候，**股價因意外而下跌，我們不僅不該賣出持股**，反而還是買進的大好時機。巴菲特在美國運通（American Express）出現弊案、股價大跌時，全力買進，即為一例。他的比喻也很生動：就當作公司把某一年所賺到的錢發給客戶，而沒發給股東，但以後就會回復正常了。這對長期投資人來說，是買進而非賣出的時機。

不過，除了前面所提以外的虧損，投資人就要特別小心了。表面上的虧損理由可以是原料價格上漲、工資上漲、成品售價下跌，或是訂單流失等，但實質上的原因只有一個：競爭力不足。如果競爭力夠強，上述因素都可以一一克服，至少不會一拖數年無解。一家強勢的企業，甚至絕對不會有虧損。因此，當我們看到公司虧損時，而且問題不是意外或短期現象，就要提高警覺，並在適當時機賣出持股，千萬不要戀棧。

話雖如此，實務上，當我們碰到一家**經年獲利的公司**，**突然在某個年度發生虧損時**，並不是那麼容易去判別它究竟是長期競爭力出現問題，抑或是短暫的因素所造成的。在這種情況下，我們進入舉棋不定的狀況：如果是長期競爭力出問題，我們就必須賣出；如果是暫時性的因素，就應該抱牢，甚至於還要加碼買進。

既然我們無法判定究竟是屬於哪種狀況，我的選擇會站在保守的一方，找個好價錢出脫持股，**不去冒險賭這家公司鹹魚翻身**。我的想法很簡單，既然無法判斷公司虧損是否來自於永久性的競爭力消退，如果我們趁早退場，就可以保留實力，把資金投注到其他值得投資的地方。萬一這檔股票事後否極泰來，恢復獲利，股價大幅上漲，我們也只是「沒有賺到」而已，並不是「重大損失」。

相反的，如果我們選擇持股續抱，賭這家公司終將否極泰來，並恢復獲利能力，但結果是我們錯了的話，股價將因這家公司的業績和獲利每下愈況，而出現永久性的大幅折損。這時，我們的投資就會出現「重大損失」。

既然我們的投資哲學以「不賠錢」為核心，那麼選擇就很清楚了。在下一章中，我個人就有一個錯失機會的實例。這雖然說來可惜，但我並不後悔，因為這是必要的代價。

要做投資組合，五到十檔夠了

天下沒有任何一家公司可以永遠保有競爭優勢，只要時間夠長，也許十年、二十年，也許不到五年，我們所精挑細選的公司就會面臨強大競爭，使得獲利急轉直下。

此外，我們也有可能在當初選股時便看錯了，所投資的公司根本就不具有壟斷力量，因而出現獲利不穩定的情形。不論是當初看走眼，或是後來公司走樣了，如果我們只買一檔股票，風險就相當大。

因此，**我們必須考慮多買幾檔**，以免一個小錯誤，就造成全盤皆輸的結果。那麼，要分散到什麼程度呢？

除了巴菲特之外，其他以價值投資法著稱的大師，如葛拉漢與**約翰・坦伯頓爵士**（Sir John Marks Templeton）等人，是以大量分散持股的方式來因應的。他們所管理的部位，經常做極度的分散，不讓個別公司的問題，對整個部位造成嚴重影響。

如果市場有足夠多的理想標的，極度分散的做法當然是最好的了，我們很容易就可以解決自己看走眼，和公司後來走樣變質的問題。可是，如果市場沒有那麼多理想的標的，還硬是要做極度分散的話，那會如何呢？

我個人的經驗是，在不知不覺中，我們的選股原則會漸漸妥協，然後買了許多「為分散而分散」的爛股。我不知道有沒有達到風險分散的效果，但績效顯然打了一個很大的折扣。這也是巴菲特後來走向精挑細選、寧缺勿濫的原因。他強調集中持股在具有長期競爭優勢的公司，不要隨意分散，尤其是**不要「為分散而分散」**。

不過幸好，理想的公司雖然不多，但也不是絕無僅有，要找出個五檔、十檔並不難。以我個人的經驗，五到十檔已經夠了，即使看錯其中一、兩檔，而其他持股正常發揮作用，就不會有太大的問題。

小辭典

約翰．坦伯頓爵士（Sir John Marks Templeton）

坦伯頓爵士（一九一二年十一月二十九日—二〇〇八年七月八日）出生於美國田納西州的溫徹斯特小鎮，家境寒微，靠著苦讀和獎學金，自耶魯大學畢業，並且得到獎學金，轉往英國牛津大學取得法學碩士學位，再回到美國華爾街工作。

坦伯頓以價值投資為基礎，強調分散理念，最有名的就是全球化分散投資，於一九五四年成立第一檔全球股票型基金。一九九九年，美國《錢雜誌》（*Money Magazine*）尊稱坦伯頓為「二十世紀最偉大的選股人」。

第5章

我實際執行「不交易」的體驗

◆

人性很有趣，當我們沒有打算要投資時，都能接受投資必須等條件符合時才進場。可是當我們準備好資金，就等不及了，經常隨便找個標的，只要別太離譜，就會將就的買進。

◆

經過前面幾章的理論說明，各位可以發現，整個投資概念與做法其實非常簡單，似乎沒什麼困難。但實際執行時，卻有許多違逆人性的考驗，讓許多人鎩羽而歸。在此，我願意不揣淺陋，分享個人的遭遇與心得，期待能拋磚引玉。

首先，是買冷門股的心理障礙。這種投資法著重在價值被低估的績優公司，於是乎總是避開熱門股，去買冷門股或是退流行的股票。對一般人來說，不是從未聽過這種股票，就是對它嗤之以鼻。當你按照理論，找到理想的標的股時，首先的反應是懷疑：會不會有問題啊？

買時若沒被笑，小心買錯或買貴了

這種股票的特色是冷僻、低流動性、不活潑，通常不是券商研究報告所推薦的股票，即使偶爾有研究報告，研究員往往會在報告上加注「股性冷，成交量低，請投資人審慎考慮風險」。若是大型股則會被市場譏為動都不動的牛皮股，應該把資金拿去買更有爆發力的標的。

這樣的故事可多了，我買過的就有中鋼、台塑、佳格、琉園、天仁、中華電等，真是不勝枚舉。以現在來看，很多都已經變成了熱門股，或一度曾經是飆股。但各位知道嗎？我當初買進時，說出這些股票可是會被恥笑的。

這個障礙其實滿容易克服的，只要做過一、兩檔，經歷過由冷變熱的階段，就會漸漸有心得了。甚至可以把這當成一個指標：買的股票如果不是令人難以啟齒，就要小心是不是買錯了或是買貴了。

股市第一關：迫不及待與不敢出手

人性很有趣，當我們沒有打算要投資時，都能接受投資不是想買就買，必須等條件符合時才進場。可是，當我們準備好資金，想要一顯身手時，就等不及了，經常隨便找個標的，只要別太離譜，就會將就的買進。

尤其是，當我們找到具有競爭優勢的公司時，更容易熱血沸騰、驚為天人，而不顧價位的大力買進，完全忘記了要冷靜計算合理價位，以及等待便宜價格這些事。魯莽的結果，就是買到高價，而損失投資績效。雖然具有長期競爭優勢的公司，我們只要耐心持股，即使價位買高一些，最後還是會獲利，但再怎麼說，還是會把投資績效拉下來。

請注意，我指的不是堅持買在最低點，而是要等便宜的價位出現。為了等低價位，有時資金會閒置達一年以上，但通常不會超過三年，如果擺太久，表示我們沒有很認真的在找標的。

與迫不及待相反的，就是一等再等、不敢出手。便宜價位出現的時機，通常是在股市暴跌、長久下跌，或是個股出問題時，幾乎每天都會有新低價的出現。這時候，投資人往往會猶豫，想說反正一買就賠，還是觀望一下好了；或是想，再等一、兩天也許會有更低的價錢。這麼等下去，一直不出手的結果，最後就是股價突然勁揚，讓人來不及買進。

你必須抱著一種決心，只要價格夠便宜，符合我們的標準，就可以大膽買進，不要去管明天是否可能出現更低的價位。

耐心加苦悶，沒有更聰明的辦法了

雖然股市時而高潮迭起、時而恐慌下挫，大多數時期卻是枯燥乏味，尤其是當我們的持股是冷門股時。**碎形**（fractal，亦稱分形）**幾何**的發明人**本華·曼德博**（Benoît B. Mandelbrot）曾經研究過，在美國股市的五十年當中，如果把變動最大的十天拿掉，整個結果就會有很大的不同，變得非常沉悶。而沉悶，正是投資的一大障礙。

於是有人會想，如果我們掌握住那少數重要的幾天，整個投資效率就會有大幅的改善。這些人企圖去預測，並抓住這關鍵的少數，也用盡了各種方法。如果我們真的能做到這點，那將是投資上的一大突破。很可惜，這不是一般人能做到的事，至少我還沒有見過每次都能準確預測的人。

要享受關鍵幾天的上漲，最可行的方式就是從頭抱到尾。當然，這樣做，我們也會碰到關鍵的大跌行情。幸好我們並不怕股市下跌，因為我們已經建立了一個正和投資，靠企業的獲利來支撐我們持股的價值。

總之，要享受瘋狗浪的大漲，就要有兩個準備：第一是建立不怕股市下跌的投資機制；第二就是要耐得住長期的苦悶行情。若耐不住苦悶，而試圖走捷徑，下場就是錯過大好行情。

小辭典

本華・曼德博（Benoît B. Mandelbrot）

本華・曼德博（一九二四年十一月二十日－二〇一〇年十月十四日）是數學家、經濟學家，也是碎形理論的創始人。一九二四年，曼德博生於波蘭華沙；一九三六年跟隨全家移居法國巴黎，在那裡經歷了動盪的二戰時期；一九四七年畢業於巴黎綜合理工學院；一九四八年在加州理工學院獲得航空碩士學位；一九五二年在巴黎大學獲得數學博士學位。曼德博曾經是普林斯頓、日內瓦、巴黎的訪問教授，也是哈佛大學「數學實踐講座」的教授，還曾擔任IBM公司的研究成員和會員。

一九七五年，曼德博提出「碎形」一詞，並於一九八二年出版影響深遠的著作《自然的碎形幾何學》（*The Fractal Geometry of Nature*）。

塔雷伯在《黑天鵝效應》中，以韃靼草原的故事來說明這點：戰士每天守著毫無動靜的草原，後來實在太累了，所以偷懶一下，卻在此時錯過了重要的戰局。

因此，耐心度過看似永無止境的苦悶，是投資的一大關鍵，沒有更聰明的辦法。

小辭典

碎形幾何（fractal，亦稱分形）

碎形幾何是數學家本華・曼德博在一九七〇年代左右，為探討英國的海岸線有多長而發展出來的新數學，專門用來處理歐幾里德（Euclid）幾何學所無法處理的自然現象。

碎形具有「自我相似性」，自我相似性是指某圖形的任意部分，經放大或縮小後，仍然可以展現出原來的型態，也就是指整體圖形和部分圖形都具有相似型態。因此，將碎形圖形無限放大，將會出現與原來圖形極為相似的形象。

自然界有很多事物都具有這種特性，而能夠用碎形幾何去處理，諸如樹木的分枝、海岸線、動物的犄角、河流分叉、山勢、螺貝圖、雲、樹葉、閃電等形狀。近年來，碎形幾何結合強大的電腦運算能力，已經在美工設計、電腦繪圖，以及電影等方面有極多的應用。

除此之外，碎形幾何也可以應用在人類社會裡的複雜系統，例如所得分配、字彙使用率統計，以及股價變動等。

風險是破壞複利的最惡殺手

幾乎所有講投資的書，都會提到複利。複利的威力有如原子彈，非常驚人。一開始只要少許的金錢，在複利之下經過若干年，總能成長為一個驚人的數字。理財專家更是喜歡用複利的數字來吸引投資人，例如，每個月存五千元，在一五%的複利下，四十年後就能成為億萬富翁。

其實這些說法都沒有錯，但真正享受過複利果實的人恐怕不多。為什麼呢？如果你了解其中緣由，就會知道「不賠錢」有多重要了。

大多數人所能賺到的複利，仍局限在銀行利息。但我們知道，銀行利息很低，接近於零，放個三、五年的利息錢仍然很有限。於是，我們希望能放在報酬率比較高的商品上，譬如說，年報酬率為一〇%，然後放個八年或十年，即能享受複利的豐碩果實。

問題來了，當市場的定存率只有一%時，報酬率一〇%的商品通常帶有風險，而且很可能是賠錢的風險。我舉一個頗具代表性的假想例子。假設有一個投資，每年的預期報酬率為一〇%，但也有賠錢的風險，只是我們不知道賠錢的機率有多大、會賠多少錢。

現在，我們在這個投資上放一百元，將每年的獲利再投資，以求得複利效果。第一年和第二年，我們都很幸運的賺到一〇%，並且拿獲利再投資，可是到了第三年，這個投資不幸折價二〇%，那麼我們在第三年有多少錢呢？試算如下：

第一年年底，我們的淨值是一百一十元（100＋10＝110）。

第二年年底，我們的淨值是一百二十一元（110＋11＝121）。

但到了第三年，我們的淨值卻是九十七元（121－121×20%＝121－24＝97）。

我們在第三年年底的淨值，竟然還不到期初的一百元！如果我們當初採用單利的投資，也就是賺到的報酬不再投入，那麼我們在第三年底的淨值將是一百元（100－100×20%＋10＋10＝100）。

在這個例子中，複利投資法反而不如單利投資法來得好。我們可以這樣說，投資有報酬也有風險，而風險就是破壞複利的重要殺手，這點值得我們進一步探討。

複利的力量來自於「錢滾錢」，讓錢幫我們賺錢。可是如果變成了「錢吃錢」，那就不妙了。等於是之前賺得越多，就有越多的錢在害我們賠錢。換句話說，只有當我們的投資不會賠錢時，我們的淨值才會步步高升、不斷累積，並創造複利效果。

或許敏感的讀者會發現，在這個例子中，如果我們在連續兩年獲得一○%的報酬後便出場，轉而尋覓其他獲利機會，那麼就能避開風險，繼續複利的效果。

換句話說，只要我們在賠錢之前，趕快出場轉換標的，如此不斷的進行操作，不也可以達到複利的目的？

弔詭的地方來了。首先，當你在一筆投資上出場時，原有的複利機制便停止了。而下一筆具有複利效果的投資，未必能及時接續，通常要等好一陣子。此外，先不論兩次進出之間相隔多久的問題，要在進進出出當中保持複利成長，我們至少要確保每一次的進出都賺錢。

問題是，你如何確保每一次的操作都能避開虧損、順利下車？你或許會回答，**每一次的投資都要有「不賠錢」的機制**，否則誰有這個通天本領，每次都能成功出場。但是，請想一下，如果我們的投資具有「不賠錢」的機制，又何須為了短線波動而提前下車？簡單來說，進進出出的結果，往往是失誤連連而造成虧損，得不償失。

總之，頻頻換股操作是很難有複利效果的。然而大多數人卻掉進這個陷阱而不自覺，平白失去了複利機會，還以為聰明脫困、沾沾自喜。

最好的方法，還是建立「不賠錢」的機制，然後長期持有。

實例說明不賠錢投資三部曲

如果我們不想要太複雜，可以把不賠錢投資法簡化為一個投資三部曲：

一、找出「不賠錢」的標的。

二、等待合理價位進場買進。

三、股利再投資，建立長期的複利效果。

但由於持有期間長，往往會遭遇到大漲大跌，或是標的股不再符合「不賠錢」條件的情況，我們該如何因應呢？以下舉幾個我個人的例子供讀者參考。

當然，這並不表示我的「操作」無懈可擊，要大家跟著做，也不是在炫耀成果，而是要讓大家知道整個過程的大概情形。同時，讀者也可以發現，只要選對標的，以合理的價位買進，後續處理其實不是那麼難的事。

此外，我要一再強調，可以選擇的標的，絕不僅限於我個人的少數例子，充其量只是拋磚引玉罷了。

最後，我要舉美國一位老太太的例子來說明複利效果。雖然我個人有許多股票也因長期持有，產生了某種程度的複利效果，但和這位老太太比起來，實在是小巫見大巫。她的投資法，是我的理想。

琉園：買進後，遇到大漲

這是一個買進後，過一段時日遇到大漲的例子。大家都喜歡這種狀況，就從琉園這個例子開始談起吧！大約在二〇〇六年五月，我以每股二十三元左右的價格買進。到了同年八月除權，琉園配股一元，配息一・五元，當時的價位來到二十元左右。不料隔年四月即開始上漲，先漲到三十五元左右，便維持在這個價位附近。

我在三十五元時出脫，因為當時的成本約為每股二十元，算算獲利已有七五%了。但我萬萬沒料到，琉園在二〇〇七年二月大漲至七十五元左右。也許有些遺憾，但我不是神仙，根本不知道它會漲這麼多。對於持有一年就有七五%的獲利，我已經很滿意了。

重點在於買進時，我記得琉園前幾年的EPS大都在兩元以上，有一年還接近二・五元，以二十三元含權買進實在太便宜了。在基本面方面，琉園的產品是名師王俠軍的琉璃創作，我認為具有一定的品牌知名度，從而具有「某種壟斷力」，因為不是任何人做的琉璃都可以和王俠軍競爭。

各位知道嗎？我買進當時，琉園極冷門，有時一整天完全沒有成交。不是我沒買到，而是市場一整天都沒有成交半張。但是到了隔年琉園股價上漲時，成交量便大幅增加，完全沒有流動性的問題。

順發：買進後，遇到長期下跌

這是一個買進後，卻遇到長期下跌的例子。我在二〇〇四年初，以每股五十元買進順發，它前一年的EPS約為四・五元。順發是一家從事3C通路的廠商，我對3C產品很有興趣，發現順發的售價比同業低，業績也不錯。買進之後，順發也都還賺錢。

不過，我買進之後，順發的股價卻不斷下跌，最低曾在二〇〇五年底跌到二十元左右。我的成本則在兩年的除權除息，與不斷的加碼買進中，降到每股約為二十六元。我一直注意順發在那兩年的EPS，平均仍有三元左右，因此我很放心，只當是市場超跌。

接著，從二〇〇六年起就噴出了好幾波，一路漲到二〇〇六年底的九十元左右。我分批賣出約半數的持股，獲利則是用倍數去算的。這波大漲有基本面的因素，因為順發的EPS來到五元左右，也有消息面的因素，據說鴻海集團有意收購該公司。

收購案破局之後，順發的股價又一路下跌至「合理」價位。不過，此後順發每年的EPS均能維持正數，是我相當放心的公司。儘管這是冷門股，股價也長期下跌，但因為該公司每年都有正的EPS，而且每年配股配息，加上股利再投資，我的持股成本（不算獲利了結的部分）已經降到每股十二元左右，是一個典型的「不賠錢投資」。

喬山：買進後，公司營運出現虧損

這是買進之後，標的公司營運出現虧損的例子。喬山從事健康運動器材的生產與銷售，曾經是當紅的熱門公司，EPS最高時曾有十一元，後來退流行，業績也下滑。我在二〇〇八年，以每股五十元左右買進，但買進之後，喬山的EPS仍持續下挫，二〇〇九年曾經出現微幅虧損。

這當然是受到金融風暴的影響，而且喬山仍相當努力的衝業績，算是一家相當不錯的公司。但我認為虧損是一個警訊，便於二〇一一年趁著多頭來時出脫，雖有小幅獲利，但和其他的投資個案相比，顯然遜色許多。

對我個人來說，這是一家企業失去獲利能力，亟待重振雄風的例子。我把持股出售，一方面是承認錯誤，一方面是為了保全戰果。

當然，喬山仍然是一家很好的公司，後來喬山業績迅速恢復，股價亦大幅攀升，來到九十元附近（民國九十一年三月二十日）。我因保守而錯失良機，但我並不後悔。因為當一家優良企業出現本業虧損時，我不想去賭它逆轉勝，只想要安然下車。

大豐電：股利再投資

這是股利再投資的例子。在《我的職業是股東》一書中，我曾經提到這檔股票，這是最單純的「不賠錢投資」，讀者可以自行演練計算，我就不再舉自己進出的例子了。

基本上，大豐電是一家有線電視業者，向收視戶收取月費，業績和獲利都非常穩定，也無須再做龐大的設備投資。只是公司因為業務單純，又有滿手的現金，便會去買基金做短期投資，或是購買土地。對我們投資人而言，公司的這些操作實在是不必要。

大豐電是典型的壟斷型企業，雖然有線電視的收費價格受到NCC的管制，但這個行業基本上仍是壟斷的，在NCC所核定的收費水準下，再怎麼說，業者都還是有合理的利潤，等於是政府保證獲利的產業。類似這種企業，真的是提著燈籠都找不到了。

雖然這個產業還是要面對許多可能的威脅，例如中華電信所推出的MOD、無線數位電視、壹電視，和各種網路媒體的威脅，此外法令也有可能變更，而對有線電視業者造成重大影響，但整體上來說，目前的獲利仍可以持續一段相當的時間。

現在我們很幸運，只要透過市場下單，就可以買到壟斷事業。我記得有線電視在幾十年前剛起步時，可是黑道經常染指的行業，一般人若要入股，談何容易啊！

美國老太太的投資啟示

二〇一〇年三月，美國《芝加哥論壇報》（*Chicago Tribune*）刊登一則溫馨感人的消息，百歲人瑞葛瑞絲・格羅納（Grace Groner）過世後，把價值七百萬美元（約合新臺幣二・一億元）的股票遺產，全數捐給母校森林湖學院（Lake Forest College）。葛瑞絲是一位獨居老人，她終身未婚，自一九三一年畢業後，就一直在亞培藥廠擔任秘書，做了四十三年。

她究竟是如何累積到兩億多元的財富？很簡單，葛瑞絲在一九三五年，用一百八十美元買了三股的亞培股票，經過多次的股票分割和股利再投資，累積至二〇一〇年，總計持有十多萬股。校方估計，這筆捐贈每年大約可以產生三十萬美元的收益（如果我們用亞培在二〇一一年三月的股價五十五美元來推估，葛瑞絲的部位大約是十二萬七千股。再以亞培於二〇一一年配息一・七六來計算，應該是二十二萬三千五百二十美元才對，相當於新臺幣七百萬元左右）。

不久之後，《華爾街日報》（*The Wall Street Journal*）資深記者，同時也是《歡迎光臨富豪國》（*Richistan: A Journey Through the American Wealth Boom and the Lives of New Rich*）的作者羅伯・法蘭克（Robert Frank），把這個故事放進其理財部落格上，並做了簡短評論。法蘭克認為，葛瑞絲的投資是錯誤示範，居然把所有的雞蛋放在同一個籃子裡，她只是運氣好，買到好股票罷了，萬一她買到的是通用汽車（General Motors），或是出問題的安隆（Enron），那可就慘了。也就是說，葛瑞絲的投資方法具有高風險，一般人不要輕易嘗試。

位於芝加哥知名的米希羅財務顧問公司（Mesirow Financial），擁有一千兩百位員工，所管理的資產約為四百億美元，該公司的資深主管約瑟夫・史坎隆（Joseph Scanlon）看了法蘭克的報導表示，客戶不應該把一〇%以上的錢放在單一標的上，尤其是，如果這筆錢不是閒錢的話。總之，從理財觀點或是股票操作來看，葛瑞絲都是個壞榜樣。

這些理財專家的看法當然有其立論基礎，絕不是無的放矢。但我總覺得，葛瑞絲的故事多少凸顯了一般理財觀念的某些盲點，值得我們深思。至少，不分青紅皀白就說她的方法完全錯誤、說她是冒著高風險，這未免也太過於武斷了。

畢竟，葛瑞絲在一九三五年投資時，的確是用閒錢，而且她本身有穩定的工作收入。有人根據物價指數推算，一九三五年的一百八十美元，大約等於現在的兩千七百到兩千九百美元，相當於一到兩個月的薪水。葛瑞絲的成功，或許有些運氣成分，但說一個人拿兩個月的薪水去投資自己所了解的公司是錯誤示範、是一種高風險行為，就有失公允了。

那麼，葛瑞絲的「錯誤示範」，是沒有適時「獲利了結」嗎？

花七十五年的時間，把一百八十美元變成七百萬美元，相當於每年複利報酬一五・一％，這樣的績效已經接近大師級的水準了。我不知道還有什麼更適合她的投資方法，難道要她聽從理財專家的建議，把部位結清，去買熱門股、新興市場基金，或是連動債？

也許比較理性的做法，是在獲利出現、部位漸漸龐大時，改買一些績優股，例如ＩＢＭ、花旗銀行（Citigroup）、麥當勞（McDonald's），或是生產威而鋼的輝瑞藥廠等，買個十幾檔，把部位平均分配，以分散風險。

這個分散持股的建議的確四平八穩，沒什麼不對。自古以來，集中投資和分散投資孰優孰劣，一直是個爭議性的話題，並無定論。現代投資組合理論主張分散持股，以降低個股風險，並提高投資效率；但是約翰・梅納德・凱因斯（John Maynard Keynes）與巴菲特等成功的投資者卻認為，集中持股才會有卓越的績效。

然而，如果先撇開理論上的爭辯，再設身處地去想，要把自己非常了解、非常喜愛，而且表現也很不錯的股票賣出九成，再換成另外九檔我們不太了解的績優股，那是多麼困難的一件事啊！

葛瑞絲的故事的確存在，而且就在你我身邊。在我的親朋好友當中，有兩位長輩早年買了台塑、南亞的股票，後來單靠股息收入，就足以令一般的薪水階級相形見絀。相信你的親友當中，應該也不乏這樣的故事。

以葛瑞絲的例子來說，從一九三五到二〇一〇年，這中間發生了多少事！有世界大戰、幾次的能源危機、股市崩盤，還有九一一恐怖攻擊事件，與近年來發生的金融海嘯等。此外，股市有時流行電子股，有時流行網路股或金融股，在大多數時候，製藥股並不是熱門股。

葛瑞絲的信心顯然不是建立在緊盯著財務報表、巨細靡遺的分析公司營運狀況，甚至掌握全球景氣脈動。她只是對投資的公司有直觀的了解，她相信公司、認同公司，並且放心的長期持有。這是一種無法量化的力量，很難訴諸文字。缺乏這種力量，一般人可能就沒辦法找到心愛的公司並長期持有，當個快樂的股東了。但如果你是當事人，也許會覺得這一切是如此的自然，甚至於理所當然。

很明顯的，葛瑞絲知道亞培公司的經營存在某種競爭優勢，可以長保獲利。至於葛瑞絲的股利再投資，則進一步建立了一個複利機制。這是真實的「投資啟示錄」，十分值得我們深思。

股災就是叫你戴鋼盔往前衝的號角

前些時候，正值歐債風暴、股市下跌，股災之說到處瀰漫。此時，所有的投資人，只要是手上有部位的，市值都不斷的減損，而且是快速的減損。

展望未來，或是評估整個世界局勢，又令人憂心忡忡，似乎看不到榮景。

恐慌的心理已經逐漸成形，也許會越演越烈，也許會慢慢消失，說真的，我不知道。但我最近經常被朋友問到，這波會跌到哪裡？或是問我，該不該先停損止血，等景氣好一些再進場，至少避開一陣子？**然而，幾乎沒有人問我，有沒有什麼股票已經跌到超值的價位，可以買進了？**

說真的，我也不知道未來會如何，更無法掌握股市的漲跌幅度。

此外，我們這種「不賠錢投資法」的股票，市價也是會隨著大勢下跌，如果以市價計算，我們也和大家一樣，絕無倖免的可能。

不過這時，我充分感受到一個價值投資人和一般投資人的不同之處。此刻的我其實是一直在找標的買進，當然，買了之後市價依然繼續下挫，我立刻出現帳面上的虧損。但我要說的是，**這種感覺就對了，好的投資經常就是在這種氛圍下建立的。**

沒有恐慌，哪來的低價？而沒有低價，如何有高報酬率的標的？如果不是大家都看壞後勢，我們怎麼可能買到便宜的股票？誰會願意把自己的持股便宜殺出？

害怕買進後繼續下跌的心理，衍生出來的想法就是要「買在最低點」。許多人都抱持這樣的態度，而這種態度正是買不到便宜貨的最重要因素之一。二〇〇八和二〇〇九年的金融海嘯，讓人記憶猶新。當時，有多少「聰明人」因為「覺得明天還會跌」，所以一路空手，後來卻莫名其妙的來了一波上漲，他們就空著手看著股市回春，最後只好無奈的稱之為「無績之彈」，似乎是為沒在低檔買進找到一個合理的藉口：因為從基本面上看不出來會有一波大行情。

那時候的我，則是「戴著鋼盔往前衝」，或是「赤手空拳去接落下的利刃」，買得心驚膽顫的。我自認為已經夠理智冷靜了，但在股市急殺中買進，仍然讓我血脈僨張。我當然沒有買在最低點，因為買進之後通常還會繼續下跌。

但事後來看，我買的價位其實也是夠低、夠便宜的了。而我要的，就是這樣而已。

結語

有閒工夫，才懂用錢賺錢

◆

有時候，你非得有點閒工夫，懂得一點閒趣味，才能體會用錢賺錢的真義。在大多數時候，股市可以說是個名副其實的慢郎中，而你一副急驚風的作為，經過幾次操作之後，當然是有志難伸了。

◆

這是一本投資理財的書，談的東西，說穿了，就是如何賺錢這類的俗事。而且，我把重點放在如何「用錢賺錢」，應該是俗之又俗的話題，怎麼會附庸風雅，和閒趣扯上關係呢？各位讀者且聽我說，其實不但有關係，而且有時候，你非得有點閒工夫，懂得一點閒趣味，才能體會用錢賺錢的真義。

工作急驚風遇到投資慢郎中，有志難伸

年輕人剛出社會，不管從事什麼工作，都得全力以赴，甚至鞠躬盡瘁，才能在職場上有所表現、脫穎而出。至少，你不能懶散、有愧職守。這樣打拚了一段時間之後，「愛拚才會贏」的意識已經潛移默化，進入我們的潛意識，甚至內化為我們的性格。這時，普遍的現象就是「閒不下

來」，非得做點什麼事才行，就連休假也一樣。

我們總是會聽到一句話：「Don't just stand there, do something!」

我曾經在很早期的《讀者文摘》中，讀到一個美國人幽日本人一默的文章，他說，日本爸爸帶全家人出遊，不管到哪裡，總是揹著一臺相機，每到一個地方，便忙著為全家人拍照，同時把風景拍下來，想拿回去給親朋好友觀賞。他發現，這位日本爸爸沒有一刻是停下腳步，當然也不可能把身上的雜物統統放下，然後好好的欣賞風景，並輕鬆的和家人享受這一切。他說，日本人的工作精神在這位日本爸爸的身上表露無遺。

看到這篇文章，我發現自己也是這樣。不僅如此，我身邊的許多人都是這樣。大家在工作上都很盡責，然後養成了閒不下來的習慣。這原本是件好事，因為，懶散總不是什麼好德行。

可是，如果在股市裡也用這種態度，恐怕就要不如意了。許多人努力研究，並努力交易的結果，卻是乏善可陳，甚至於虧損累累。每一次的交易，不論輸贏，都要支付相關稅費，儘管單次金額不大，但日積月累下來便相當可觀。此外，根據數學家本華・曼德博的研究，如果把五十年來股市波動最大的十天刪掉，市場就變得平凡無奇。也就是說，股市在大多數時間是枯燥乏味的。在大多數時候，股市可以說是個名副其實的慢郎中，而你一副急驚風的作為，經過幾次操作之後，當然是有志難伸了。

難怪指數型基金的創始人**約翰・伯格**（John C. Bogle）對投資的忠告是：「Don't do something, just stand there.」

複利投資就是比誰能忍？

有人說，股市的致勝之道，就是比誰能忍得住。當你的手上有一筆資金，有中意的投資標的，但是價位不理想時，你就必須忍。忍到不知何時，出現你滿意的價位時才出手。

小辭典

約翰・伯格（John C. Bogle）

一九二九年五月八日，約翰・伯格生於美國紐澤西州的蒙克蕾。他是先鋒集團（Vanguard Group, Inc.）的創辦人，也是全世界首支指數共同基金「先鋒五〇〇指數基金」的創始人。伯格開啟了被動型投資的新紀元，影響世人至鉅。

一九九九年，《財星》（*Fortune*）雜誌將伯格喻為二十世紀四大「投資巨人」之一。二〇〇四年，《時代》（*Time*）雜誌將伯格選為世上最具影響力的一百人之一，而美國投資協會（Institutional Investor）也頒給伯格終身成就獎。

先鋒基金公司在一九七四年創立於美國，目前已經發展為全世界最大的共同基金組織之一，擁有超過一百支共同基金，價值高達九千五百億美元。

要等多久？也許是幾個小時、幾天、幾個月，甚至於好幾年，重點是要等多久，沒有人知道。據說，巴菲特為了等好的價位買進股票，一等數年是稀鬆平常的事。

然而，在買進之後，我們還要等待複利效果發揮作用，這一來又是好幾年。

這樣左三年右三年的等下去，沒有一點忍功是辦不到的。沒耐性的人，不用多久就憋不住了，於是又回到頻繁交易的老路線，管它賺不賺錢，爽快就好。

讀者如果有過這種等待的經驗，就會知道這是多麼折磨人的過程。那是日復一日，不知道要等到何年何月何日的苦悶。

就這點來看，在某種程度上，複利投資就是比誰能忍，沒耐性的人自動會被淘汰出局。可是，實際上，這世上到底有多少人有這個能耐，可以忍那麼久的時間？如果人性上沒有辦法實現，那麼，所謂的複利投資不就是空談了嗎？不過是一種看得到、卻摸不到的海市蜃樓罷了。

長期投資就是什麼都不要動？

我們在前一章所提到的葛瑞絲，從客觀的報導來看，她是一位自律甚嚴、而且清心寡欲的老太太。想想看，一個長達七十五年之久的複利計畫！我常常蒐集並研究各類型長期投資人的心理境界，想找出一種好方法，讓人不再視長期投資為畏途。最好能有一種心境，不但可以讓我們不把等待的過程當成折磨，還可以當成一種享受、一種樂趣。

首先，我看到的例子是房地產。很多房地產是一代又一代的傳下去，那似乎是一種「祖產」觀念在支撐。總之，有很多人之所以一輩子都不賣房地產、忠實的抱牢，主要是為了不愧對祖先、不讓後代子孫責怪。這樣的特性，使得某些地主或屋主不論生活有多苦，或是外界誘惑有多大，還是堅持留住房地產來傳給下一代。

可惜的是，這種精神很難套用到股票投資上。

另外一種是家族式的小吃店。這種店也許和投資不太一樣，卻可以長期傳承。我服役時有個「同梯的」，家裡是開傳統糕餅店，他自小即跟著父母與家人忙進忙出，還得到了一身的真傳。對他來說，繼續把老店做下去的動力，除了親情之外，還有一種趣味，因為他一碰糕餅就有莫名的喜悅。

這點，似乎也很難直接套用在股市投資上。

難道股市的長期複利投資就必須那麼苦、那麼清心寡欲嗎？難道我們一般人一買股票，就必須「do something」，而不能「just stand there」嗎？

在偶然的機會裡，我去逛林語堂故居，才恍然大悟自己的問題就在於「閒不下來」。而「用心於不交易」的投資法，就是要用一顆閒適的心，去享受複利的過程與樂趣。（照片提供：吳啟瑞bobby_9191@hotmail.com）

若吃煙，若不吃煙

在一個偶然的機會裡，我去逛林語堂故居，看著那些古色古香的擺設，開始有些不一樣的感受，但一時之間也說不上來。然後，看到「有不為齋」這幾個字，我才恍然大悟。我想，我的問題就出在「閒不下來」，不懂「閒適」，也無法享受「閒趣」。

林語堂的屋子有個陽臺，他生前常在這個地方消磨時光。他說：「黃昏時候，工作完，飯罷，既吃西瓜，一人坐在陽臺上獨自乘涼，口銜菸斗，若吃煙，若不吃煙。看前山慢慢沉入夜色的朦朧裡，下面天母燈光閃爍，清風徐來，若有所思，若無所思。不亦快哉！」

看到沒？「口銜菸斗，若吃煙，若不吃煙……清風徐來，若有所思，若無所思。不亦快哉！」就是這種情趣。我們都知道，林語堂是著名的幽默大師，卻很少人知道，他還是一位「閒趣大師」，主張閒情悠悠的閒適哲學或閒趣哲學。

複利不是忍耐，而是一種趣味

關於閒趣哲學，我不想長篇大論，更不想故弄玄虛。大致上，這是一種半入世半出世、半享樂半修行的文人哲學。半儒半道，可以積極進取，也可以怡然自得。林語堂主張要能享受生活，所必需的就是一顆閒適的心，而不是要有很多的金錢或很多的時間。

最奇妙的是，當我們閒適下來，不再匆忙時，趣味才開始發生。我們全身上下的感受細胞，好像在不知不覺中全打開了似的，開始對許多事物有了前所未有的微妙感受，對人性也有更深的體會，並對價值有另一番層次的認識。

方向不正確，跑得再賣力也是枉然。**閒適並非消極的擺爛或無所事事，而是積極的沉澱**。經過一番沉澱，我們開始知道自己真正想要的是什麼，因此也開始感受到精緻的趣味。於是，我們無論做什麼，都不再是行屍走肉，更談不上忍耐，因為一切都充滿趣味，當然，也包括複利計畫裡的漫長等待。

這套「用心於不交易」的投資法，就是要用一顆閒適的心，去享受複利的樂趣。最後，容我借用明代書畫家陳繼儒的話來與大家共勉：「不是閒人閒不得，閒人不是等閒人。」

國家圖書館出版品預行編目（CIP）資料

用心於不交易：我的長線投資獲利祕訣：下好離手，不要動作 / 林茂昌著. --初版. -- 臺北市：大是文化, 2018.08
208面；14.8×21公分. --（Biz ; 271）
ISBN 978-957-9164-51-1（平裝）

1. 股票投資 2.投資分析

563.53 107010148

Biz 271

用心於不交易

我的長線投資獲利秘訣：下好離手，不要動作。

作　　　者／林茂昌
副　主　編／馬祥芬
美 術 編 輯／林彥君
副 總 編 輯／顏惠君
總　編　輯／吳依瑋
發　行　人／徐仲秋
會　　　計／許鳳雪
版 權 經 理／郝麗珍
行 銷 企 劃／徐千晴、周以婷
業 務 專 員／馬絮盈、留婉茹
業 務 經 理／林裕安
總　經　理／陳絜吾

出　　　版／大是文化有限公司
臺北市 100 衡陽路 7 號 8 樓
編輯部電話：（02）23757911
讀 者 服 務／購書相關諮詢請洽：（02）23757911 分機122
24小時讀者服務傳真：（02）23756999
讀者服務 E-mail：haom@ms28.hinet.net
郵政劃撥帳號／19983366 戶名／大是文化有限公司

香 港 發 行／豐達出版發行有限公司 Rich Publishing & Distribution Ltd
地址：香港柴灣永泰道70號柴灣工業城第2期1805室
Unit 180520, Ph.2, Chai Wan Ind City, 70 Wing Tai Rd, Chai Wan, Hong Kong.
Tel: 2172-6513　Fax: 2172-4355　e-mail: cary@subseasy.com.hk

封 面 設 計／黃聖文
內 頁 排 版／大頭設計工作室
印　　　刷／鴻霖印刷傳媒股份有限公司

出 版 日 期／2018 年 8 月初版
出 版 日 期／2021 年 1 月初版 1 8 刷
定　　　價／320 元（缺頁或裝訂錯誤的書，請寄回更換）
I　S　B　N／978-957-9164-51-1

Printed in Taiwan